英語教師が知っておきたい

授業力アップのための話し方

AI時代の教師のセルフ・エフィカシー

表 昭浩
OMOTE AKIHIRO

幻冬舎MC

英語教師が知っておきたい
授業力アップのための話し方
ＡＩ時代の教師のセルフ・エフィカシー

はじめに

本書は、私が博士号（学校教育学）を取得した2022年の博士論文を一般読者向けに書き直したものです。これは、日本の学校を職場とする日本人英語教師の心理と行動に関しての研究です。表題に英語教師の「話し方」とあるように、英語で教えることと日本語で教えることの本質的な違いに着目し、とりわけ、日本語と英語の2言語行使（これを本書ではバイリンガリズムと呼びます）に特徴づけられる日本人英語教師のユニークな職業的行動原理に焦点をあてています。また、日本語が英語学習に与える認知的な意義や、教室におけるその社会的影響にも踏み込んでいます。

本書を書いた動機について、この本は学習者や英語学習について書かれているわけではありません。それに、これは英語の教え方を具体的に提示する指南書という性格の本でもありませんし、将来の日本の英語教育はかくあるべきだという主張を展開している本でもありません。本書の内容は、私がこれまで教師として経験してきたことや生徒や学生との交流を通じて自分で肌身に感じたことを契機としています。様々な悩みを抱え、教室で2言語を駆使しなければならない職業的バイリンガル話者としての、一種独特な英語教師の在り方がどうあるべきなのか、教師仲間と共に日々模索し行動してきた教育研究者としての一つの到着点を一般の方にもご紹介したいという思いで執筆しています。

日本ではバイリンガルというと幼い頃から家族や周りの環境によって日本語と英語などの外国語を流暢に喋る能力が身に付いた、いわば憧れの混じった特殊性のことを指しますが、本書で述べているバイリンガリズムとは学校における母語（第1言語）と外国語（第2言語）の2言語による英語教師のプロとしての職業的支援のことです。日本では2009年以降、英語の授業で原則として英語を使うことが求められるようになりましたが、この理由が何なのかはさておき、いきなり日本語をゼロにすることができないのは教師も国もよくわかっています。日本人教師としては母語の日本語をおいそれと手放したくはないのが人情です。ですから、日本語を母語とする全ての英語教師は、これを洗練させる必要に迫られた職業的バイリンガルだと考える必要があります。私は、本書を通じて、職業的バイリンガリズムの考え方や、教授行動のダイナミズムに関する本論文の成果を、多くの英語教育に関わる教師や教師を育てる立場の方々に納得のいく形で科学的に提示したいと考えました。

ここで私の経歴を少しだけお話ししておきます。私は、大学の教育学部を卒業後、地方の町で教鞭を取ったのを皮切りに、その後、神戸、大阪、ロンドン、福岡、東京と36年にわたって各地の日本人を対象に教えてきました。キャリアの前半では英語教諭として公立の高校普通科や盲学校の専攻科理療科などで教え、その後はいくつかの大学で研究を続けながら医学や社会学などの学問分野に関する基礎的内容を教えています。一つのことを突き詰めてやり続けると徐々にその対象がわかってくるとはよく言いますが、私の場合、英語教育という名の下に日本の学校が行ってきた営みについて徐々に明らかになってきたことが最終的にこの本に結実していると考えています。

例えば、これまでの教育では、どうやったら日本人の英語学習が上手くいくのか、または、どうやったら生徒たちは英語で上手く喋れるようになるのかという点にばかり気を取られてきました。その証拠とも言える事柄の一つに、学校で英語を普通に喋る日本人は大して増えないのに、書店には沢山の英語学習の本や英会話や英語の教え方についてのハウツー本が溢れています。日本じゃ普通、誰も英語喋らないいんだからそんなの当たり前じゃない、と思う人もいるかもしれません。これに対する本書の答えはシンプルなものです。もしもあなたが英語を話したいのであれば、私たちの母語、身近な日本語に頼り過ぎないことでそれができます。その意味で、これから学校で英語を教えていく若い世代の教師や、そうした若い教師を育てる教育関係者の方々に是非ともお読み頂き、普段あまり考えていなかったかもしれない観点から英語について様々な感想と気づきがあればと期待しています。例えば、「英語の授業なのになぜ学校では日本語によるコミュニケーションの方が多いのか」という疑問をお持ちの生徒諸君や保護者、「日本の英語教育は英語を日本語で理解するものに決まっているからこれはどうしようもない……」と、なんとなく諦めと共に感じておられる教師や一般の読者には「なるほどそこが問題だったのか！」という驚きと発見を見出してもらえるのではないかと期待しています。

最後に、本書の特徴を２つご紹介したいと思います。第１の視点は、英語授業の中に存在している母語（日本語）を振り返ってみてはどうかと主張している点です。学校で英語に触れながら自然と英語が話せるようになれば誰もが嬉しいに違いありません。しかし実際には、教師にも生徒にもこれがなかなか難しいことです。多くの日本人が外国語を使うことを知りません。物事の意味とは、日本語に直してみて初めてわかるものだと信じて疑わず、そこから抜けられません。学校の英語の授業時間は限られている上、教室で普段話しているのは日本語です。日本語ネイティブ同士が英語で話すことはまだまだ普通のことではありません。それは、日本人が日本語を脱着する術を知らず、ある程度の訓練と習慣づけなしにはそれができないからなのです。加えて、日本では英語授業であるにもかかわらずなぜか日本語で話すことがまるで空気を吸うように当たり前の前提となっています。こうした学校社会の前提である母語環境は、日本にいる限りは誰もが振り返る必要も無いことだからこそ、「バイリンガリズムの英語教授」（注［1］）にとって手強いのだと言えます。

他方、ChatGPTに代表される生成ＡＩ（人工知能）の波が学校にも急激に押し寄せてきました。英語学習における翻訳や文法解説を得る手段を学習者自らが自由に選択可能となり、これまでの外国語学習環境が驚くほど一変しています。世界中の全ての人々が英作文や翻訳の作業をそうした生成ＡＩへと任せられる時代が到来しました。教師の仕事の一部がＡＩによって淘汰されることが社会的事実となる日が近い将来にやってきます。こうした背景からも、教師が無意識に使っている日

注［1］日本の英語教育は、国策としてはあくまでも外国語教育であって第2言語教育ではありません。その意味で、この言葉は多少の矛盾を孕んでいますので括弧付けとしています。その理由についてはあとがきでも少し述べています。

本語の機能のどこをどのように意識して洗練するべきなのか、学校でも早急に考えていく必要があることがわかります。

教室で話される英語と日本語は、異なる機能を備えた様々な教育的資源として分けることができます。それらの機能をよく調べ、限られた時間の中でより効率的に日本語と英語を使うことで、初めて英語を使い、英語で物事を考える時間ができ、目標である英語処理能力をより向上させられるのです。ところが残念なことに、これまでの英語教育はそういった疑問や課題にきちんと科学的に答えてくれてはいません。本書のキーワードの一つである「インストラクショナル・スピーチ」とは、客観的見地に基づいた日英の機能的バランスが取れた教師の発話のことを指し、日本語では「教授発話」と訳されます。この教授発話の最適化が、ＡＩ社会の今日的課題とも相まって、本書のメインテーマの一つとなっています。

２つ目は、本書が、教師の心理と行動を関係づける「セルフ・エフィカシー」をポジティブに教育実践へ応用する入門書でもあるという点にあります。今、教職への入職後、数年で辞める若い教師が増えています。様々な理由からやり甲斐が見つからず諦めて教壇を去っていく若い世代の教師が多くいます。また、中堅やベテランの教師でも若手と同じように苦悩しているケースも少なからずあります。「セルフ・エフィカシー」というのは、自分の授業が上手くいっているかどうかを感じる教師の主観的認知を指し、日本語では「自己効力感」と訳されます。本書では、個人が感知する失敗感や成功感、あるいは挫折感や達成感などをも含めた比較的幅広い概念としてこれを捉えています。

終わりになりましたが、本書を最後までお読みになることによって、「インストラクショナル・スピーチ」と「セルフ・エフィカシー」の関係を総合的に捉えていく必要性をご理解頂き、新たな枠組みと視点から英語教授に関するヒントが少しでも得られんことを期待して止みません。現役の教師や英語教育関係者の皆さん、そして英語教育に興味がある一般の読者の皆さんにとっても、この本がこれからの日本におけるバランスのある英語のバイリンガル授業を考えていく契機となればこの上ない喜びです。

2024年1月31日
表 昭浩

目次

第5章　ISとTSEの関係は経験年数の違いでどう変わるのか――研究3

第6章　何がわかってきたのか

図表

1. 図

2. 表

第1章
英語教師は英語をどう教えているのか

第1節　まず、今、何が問題なのか

最初に、現在、学校で行われている英語教育がどのような経緯でそうなっているのか、そして、そこで教える教師が何を目標としてきたのか、またどのような課題があるのかについて、大きく変化した授業のやり方と共にさっと振り返っておきます。

日本の中学や高校では、文法や和訳などで伝統的に日本語が使われてきました[41,122]。読者の中には英語で苦労するよりも綺麗な日本語でどう訳したらいいかで大いに苦労した方もいるかもしれません。しかし、90年代に国の政策がコミュニケーションスキル重視へと大きく転換して以降、英文理解を中心とした読解型の日本語説明から英語によるコミュニケーション中心の展開となり、より実践的な4技能（listening, reading, writing, speaking）へ焦点をあてることが主流となりました[79]。その後、文部科学省は「英語で授業を行うことを基本」として高校教師の英語使用政策を推し進め[80]、教師の役割が訳読からスキル目標達成へと増大したことから[86,106]、今日、英語教師は日本語と英語で授業を行うようになっています[123,124]。より正確に言い換えれば、高校の英語教師は入試対応をしながら、なおかつ日本語も制限し、その分、より多くのことを英語で話すよう国から求められるようになりました。本書では、教師のこの複雑な「話す」という行動に着目し、英語の授業（インストラクション）で教授発話のことを指す**インストラクショナル・スピーチ**（instructional speech）の頭文字を取り、以後、これを**ＩＳ**と呼ぶこととします。そして、教室でインストラクションを行うときの教師の発話行動を本書では**ＩＳ行動**と呼びたいと思います。

２０１７年には中学校でも日本語は補助的に止めて授業を英語で行うことが基本となったことで[98]、英語による実践的なインストラクションが中等教育全体を通じて規定されることとなりました。今日、教師には日本語による英文読解などに頼ることなく、母語を極力介さない話し方と伝え方によるアプローチが求められています。言うまでもなく、こうしたインストラクションの流れは、学習者が英語を聞いたり話したりするコミュニケーションに慣れるのに必要な教育的アプローチとして導入されました[80,81]。

ところが、国の教育政策がコミュニケーション主体へと変遷してきた上記のような背景に対して、実際は多くの教師がこの方針に困難と困惑を感じつつ手探りで授業に臨んでいます。例えば、４技能の目標が学習指導要領で初めて取り上げられたおよそ30年前から、一部でクラスルーム・イングリッシュを使うことはあっても[143]、コミュニケーションへの自信不足や入試のための演習、クラス人数の多さなどから日本語が主に使われてきました[38,43,51]。また入試における文法重視の傾向は近年もあり[85,87]、英語運用に不安を抱えつつ訳読と口頭スキルの「二足の草鞋」を履いてジレンマに陥る教師[104,105]や、やり甲斐を感じられない教師や生徒も少なからずいます[85,53]。２０００年以降の学校におけるインストラクションの研究においても、日本人教師には母語（日本語）行使の傾向が依然として高いことが実証的に示されています[46,89,111,145]。こうした動機減退の状況は、国をあげて日本より早く英語教育改革に乗り出した韓国でも同様に見られ、母語の洗練と削減は国際的にも今日的課題となっています[18,45,47,54,56,93]。

英語教育を母語の観点から考えることが重要です。しかし、私はここで日本語による文法や入試のための演習、あるいは母語で思考することが重要だと言いたいのではありません。ある社会的環境では、教育にとっての母語が非常に強力でしぶとい教育資源だということを強調しておきたいのです。母語の「しぶとさ」については後ほど述べるつもりですので、ここでは母語と単一言語（モノリンガル）社会の関係について説明します。日本やアジア諸国の単一言語社会での外国語教育を研究したAtkinson（1993）という研究者は、日本や韓国の社会のように母語（第1言語）が唯一共通の生活言語である国では、教室からそうした単一言語（日本語）を完全に排除することはできないと言います[3]。また、表（2012）では12名の日本人教師へのグランデッド・セオリー・アプローチ[76]と呼ばれる調査を通じて、教師には日本語容認信念と母語依存、またそれらに起因する母語と英語の間の葛藤があり、この葛藤が英語を話そうとする行動を阻害するという、Atkinsonと同様の結果が示されています。教師にとって日本語を授業から完全に排除するのは葛藤が強く難しいと言えます。そのため、心理的負荷を徐々に軽減しながら英語行使を充実させることが大切となり、中でも(1)教授環境の整理、(2)動機の維持、(3)困難感や不安の緩和、そして(4)日本語と英語のバランスの適正化の4つがポイントとなります[90]。この際、学習者の母語には、ローカルな共同体に根ざす独自の役割として外国語を理解したり不安を緩和したりする学習補償機能があることから[1,

[2, 5, 29]、母語と外国語（日本では日本語と英語）のそれぞれのIS行動における質的・量的な役割のバランスが問題となります。初・中級レベルの学習者を対象とする教師の英語行使は、英語への接触機会の拡大を通じた教授目標の達成に直結しています。しかしこれに対して、母語を使うときの教師の役割は、不安解消や動機づけなどの情緒的役割[5, 64, 67, 119]から、集団（教室）での英語理解促進という社会認知的な役割[1, 2]さらに、タスクにかかる時間の効率化・円滑化などの機能的役割[14, 42]に至るまで、英語と異なって間接的に学習を支援するための様々な役割があるからです[29, 66, 90, 145]。以上のことから、IS行動の研究では英語と日本語の2言語が最適化された**バイリンガリズム**（2言語行使での最適なインストラクション）に着目した上で、それぞれの発話が持つ実践的かつ実質的な役割を幅広く探り、学校の教授目標との関連からその役割を総合的に判断する必要があるのです。

他方、中田（2006）によれば、国内の英語教師に関する研究では、以前から学習支援のためのタスクの研究や教授法に関する研究は豊富にあるものの、教師のやり甲斐や動機づけ、すなわち教授信念や行動原理についての研究は必ずしも十分とは言えないようです[85]。また、日本人教師のIS行動時の心理的プロセスのメカニズムに関しても未だに十分明らかではありません。そこで、本書の後半の2つの研究では教室での生徒のフィードバックを通じて教師が日常的に感知していると思われる快感情や期待感の高まり、あるいは反対に、マイナス感情や期待感の薄れに着目していきます。こうした主観的認知は、自身のIS行動を通じて学習を上手く支えることができ、次のIS行動も上手くできそうだという教師のやり甲斐や動機づけに繋がり、ＩＳ行動のメカニズムを解明する研究内容として妥当だと思われます。本書では、これから次節に示すような、教師の行動との関わりを指摘されている教師自己効力感（Teacher Self-efficacy［TSE］）に着目し[125・126]、この概念の元となる**セルフ・エフィカシー**（self-efficacy belief）を提唱したBanduraの社会的認知理論[6]に基づいてＩＳとＴＳＥの関係の解明を試みようと思います。

第2節　教師の話し方について何がわかっているのか

さて、ここからは、**インストラクショナル・スピーチ**（instructional speech）、**バイリンガリズム**（bilingualism）、**セルフ・エフィカシー**（self-efficacy）などの本書が取り上げるより具体的なテーマごとに、英語教師のＩＳ行動と心理的背景について何がどの程度明らかになっているのか、それらについて考える上でこれまでなされてきた研究をいくつかピックアップしながら概観していこうと思います。

第1項　インストラクショナル・スピーチ（ＩＳ）研究とは何か

ＩＳ研究は、１９７０年代以降、世界中で多数の学習者が必要とする英語の獲得を目指していた欧州や米国で台頭したコミュニカティブ教授法の一分野から発展してきました[3, 11, 15, 23, 32, 36, 40, 59, 42, 69, 78, 121, 128, 140]。その後、世界がよりグローバル化するにつれて、教師の母語（第1言語）と外国語（第2言語）による**バイリンガリズム**（2言語インストラクション）が、認知的、情緒的、社会的に外国語学習に少なからず影響をもたらしていることが徐々に明らかとなり、欧米やオセアニア、東西アジア諸国などの国と地域でＩＳ行動の研究として続いています[16, 27, 47, 52, 57, 64, 74, 110, 109, 131, 115, 139]。

ＩＳ研究では、前節でも述べた通り、学習者の母語と目標となる英語（その他の言語を目標言語とする場合も含む）の2言語の発話の役割を効果的に引き出す、最適なＩＳの選択的行動（ＩＳによる**バイリンガリズム**）がどのようなものであるか、という課題の解明が第一義的な研究課題となります[22, 74, 129, 131, 132, 133]。教育における**バイリンガリズム**の問題というのは、例えば、欧州や米国の移民社会に見られるように社会が文化的に多様化すればするほど複雑になりがちです。しかし一方で、英語を第2言語ではなく外国語として教える教師のＩＳ行動の在り方をめぐっては、その基本的考え方において研究者間で意見が対立しています[12, 14, 22, 70, 117, 129, 130]。バイリンガル（2言語）社会である欧州とモノリンガル（単一言語）社会の日本とでは社会の在り方が異なるのでその違いが結果的に双方の社会へ及ぼす影響を異なったものにします。社会が外国語教室にもたらす影響には、環境的、能力的、教育的側面など様々な要因が含まれますが、日本人教師のＩＳ行動に影響する主要な要因の一つとして、教師と学習者の双方に母語依存の問題が存在することを取り上げる必要があります[27, 64, 129]。なぜなら、教師の母語と大多数の学習者の母語が共通する言語環境（単一言語環境）においては、母語依存傾向が欧米などのバイリンガル社会（あるいは複言語社会）よりも大きくなる傾向にあるからです[60,75]。これにより、賢明なＩＳ行動の在り方についての解釈の違いや、母語依存が状況に応じてどこまで許容できるのか（**バイリンガリズム**の程度）に関する見解の違いが研究者間に見られることとなります[12,90,70,145]。

一例として、ここで２００１年にカナダの英語教育ジャーナル、The Canadian Modern Language Review 誌上で繰り広げられた誌上討論を見てみましょう。この討論では、まずCook（2001）という研究者が、学習者と共有する母語（ここでは英語と同じ欧州言語である仏語）の教師の使用を全面的に認めるべきであると主張しました。一方、Turnbull（2001）は、これに真っ向から反論しており、教師の母語行使は全面的に禁止すべきものではないが、かといって過度の依存による学習動機の減退や英語接触機会の剥奪のリスクは避けなくてはならず、コミュニケーションスキルの向上のための補助的で賢明な母語行使への覚悟と責務を教師は負うべきであると主張しました[22,129]。この論争は、生活言語を英語と仏語で社会的に二分するカナダの歴史的バイリンガル環境を反映したものですが、文化的にまた言語的にもカナダと異なる日本の教師の**バイリンガリズム**における母語依存問題を考える上でも大いに参考になるものです。

日本の近年の論争としては２００９年前後に論壇を賑わしたものがあります。この年、授業での英語使用を原則とするという国策を導入した学習指導要領の公布[80]にあたり、英語教育における日本語（国語）をめぐる議論が活発化しました[33,49,122,123,144]。また、より最近の出来事としては、

発展が非常に目覚ましいＩＣＴや人口知能（ＡＩ）の学校現場への導入（電子黒板や自動翻訳技術、生成ＡＩなど）を新たな契機として、今後もまた同様の論争が高まることが予想されます[93]。中でも、米国のOpenAIがいち早く社会に投入したChatGPT[96]が米国や欧州をはじめ全世界の教育現場に与えた広範囲にわたる衝撃と影響は、今後、生成ＡＩを学校現場でどのように活用していくべきなのかという前例のない課題を突きつけており、英語教師の**バイリンガリズム**を中心テーマとするＩＳ研究を発展させる上でも待ったなし、喫緊の課題だと言えます。

他方、英語教育の分野ではカナダの論争と類似した課題への指摘が日本や近隣アジア諸国でのＩＳ（バイリンガル）言語比率や言語交替（コードスイッチ）の観点からなされてきました[4,51,43,71,74]。この問題を考えるために、アジア諸国とは対照的に多くの学習者母語を一つの教室内に持つ欧米諸国の教室の例を見てみると、授業中の外国語（英語、仏語、独語など）に対する母語行使率は平均して10％から30％と低い傾向が見られます[30,31,102,138]。これは、地域の共同体の言語的な特徴に負うところが大きいことによります。多くの欧州やアメリカ・オセアニア大陸の国々は地続きの地勢や開かれた移民政策などにより多数の母語話者が存在する教室環境にあります。これにより、互いの意思疎通に加えて目標言語である英語がそのまま授業における共通の介入言語となる必然性は高まり[5,67]、複言語政策を取るEU諸国に典型的に見られるように、そうした国々の英語教育は外国語教育としてではなく、地域社会における第2、第3言語となる生活言語を学ぶという性格が強いことから教師の英語行使率は自然と高まるのです[36,71,72,73,130]。

一方、学習者と教師が最初から一つの多数派母語を共有する日本や韓国、中国やタイなどの東アジア諸国の母語行使率は60％から80％と、欧米に比べて顕著に高くなります[51,55,56,65,89,113,115,119,141]。この状況に対し、Littlewood & Yu（2011）は、アジア圏の英語教育は外国語教育としての社会的側面に加え、聞き、話すといった日常の生活言語としての役割以上に、英語を読み、書くという、教育を通じてのよりアカデミックな、達成度による評価を伴う側面を大とする特徴があり、このことからも母語の認知支援的あるいは情緒支援的な諸側面（動機づけや理解促進、不安解消など）を無視することは難しいと述べています[66]。また、Chapple（2015）は、同様な観点から、日本での

２言語行使による英語授業は、教師が日本語発話を単に英語発話に置き換えればいいというような単純なものではなく、欧米とは異なる環境を背景として、両言語を質的に上手く駆使して教えることができる熟練技術と専門性の向上が必要だとしています[19]。例えば、金谷（2004）は、日本人教師が学校で効果的に英語行使をするには、生徒に合わせて調節できるほど十分に英語能力が高いことに加え、生徒が十分に理解できる教材を適宜提示できることをあげ、単に教師の英語力の高さだけではなく、その英語力を様々な教室状況（教室環境）に活用できる適応力の重要性を指摘しています[50]。今日、学校でのバイリンガルの発話を前提条件とする日本を含む東アジア諸国では、学校教育における外国語としての英語行使をめぐるこうした国際的な共通課題の解決へ向け、母語行使を抑制（母語へ過度に依存することを回避）しつつ、それに応じて英語行使を増大させることを目指す方法への模索が必要で、教師にはそのための的確でバランスの良いＩＳ行動が求められていると言えます[19, 24, 55, 66, 139]。

第２項　日本人教師のバイリンガリズム

本書は、日本語を母語とする英語教師を対象としていることから、ここで日本人教師とは一体誰を指すのかについてより厳密に考えておきます。というのも、日本語が母語であり、同時に英語に幼少時から触れて育ったことで英語を２番目の言語として獲得している生得的バイリンガルの教師も存在するからです。したがって、本書では日本語が母語で、同時に英語との生得的バイリンガルでもある教師や、英語が母語で、同時に日本語との生得的バイリンガルでもある教師は、除外して考えていることに注意して下さい。多くの日本人教師は、日本で生まれ育ち、日本の英語教育で外国語としての英語学習経験を有する学習バイリンガルだと想定します。彼ら彼女らは非英語母語話者、非生得的バイリンガルとして英語を話し、職業上の理由から教室で英語と日本語を使用したＩＳ行動をとります。本書ではこの条件に当てはまる教師を職業的バイリンガル教師と定義し、そのような教師を日本人教師と呼ぶこととします。

国内で日本人教師の英語行使と母語依存の関係を直接検討した実証的研究はあまりありません。ただし、英語のスキルを専門分野に活用することが目的となる大学のような高等教育機関でも、教授者が英語ネイティブであるか非ネイティブであるかにかかわらず、どちらの教師も学習者の英語能力を無視するような英語オンリーの授業には総じて否定的であることがわかっています[13, 21, 48, 74]。また、中等の学習段階においては、目の前の学習者の能力の限界からくる混乱や意欲低下を考慮しながら、それに必要な日本語を使うことが重要だとする中学や高校の英語教師のＩＳ行動、言い換えれば日本語に寛容な行動原理が存在しています[43, 90, 106]。

日本人中学高校英語教師の発話とその機能について質問紙を通じて調査したShimura（2007）やYonesaka（2005）の研究によると、教師は高度な内容やスキル目標の達成よりも内容の基礎的な理解や動機づけをより重視して、敢えて英語ではなく日本語を使うことがあると言います[111, 113, 145]。これ彼らは、これを英語から日本語発話へ「回帰的に」戻る現象だとユニークに表現しています。これまでのＩＳ研究からも、こうした中等教育段階の教室におけるＩＳ行動には様々な社会的[5]、認知的[1,2]、あるいは環境的[92,132]な要因からくる信念と実践の間の矛盾や葛藤が関わっていることがわかっています[86,90,93]。例えば、西野（2011）の高校英語教師を対象とした質問紙の分析結果では、「言葉は使うことで効果的に習得（される）」には98%、「コミュニケーション能力の育成が大切」には97%の回答者が賛同しつつも、普段の授業でコミュニケーション活動を使っている回答者は30%に至らず、教師の認識と実践の乖離が示されています[86]。しかし、教師がどのような社会的あるいは心理的メカニズムでこうした回帰行動や矛盾した行動をとるのか、その行動は意識的に行われているのか、あるいは無意識のうちに母語行使をした結果の表れなのか、そのような疑問に答えるための研究や、そこに介在する社会的、認知的な心理構造、またその理論的モデル化を扱った研究は無く、日本人英語教師のＩＳ行動は未だに多くが不明なままなのです。

第３項　教師のセルフ・エフィカシー（ＴＳＥ）と適応行動

ここで、教師の心理と行動のメカニズムについてこれまでわかっているモデルや理論を概観しておきます。米国の心理学者Banduraは、環境と人と行動の三者が認知的作用によって相互に関係づけられているとする社会的認知の理論を提唱しました[6,7,8]。これによれば、人は課せられた仕事が上手くいったかどうかという「効力信念」を判断の梃子として、そこから感知した「結果期待」を元に次なる行動を起こすといいます（図１）。Banduraは、このとき個人が感知する主

観的認知形成作用を**セルフ・エフィカシー**(perceived self-efficacy)と呼びました[8]。日本語では自己効力感と訳されます。Pajares & Usher(2008)という二人の研究者は、この認知形成作用が個人と行動と環境の3つが相互に影響し合って決まる[7,8]ことに着目し、このモデル(図2)を元に**セルフ・エフィカシー**を教育に応用しました[9]。この理論は、教師の動作主体としての特異な行動(例えば、数学教師として数の概念を教えるなど)を予測し、また、学習者の動機づけや習慣的行動の改善を促す適応的な教授行動の枠組みも提供しています。本書では、このモデルにしたがって、外国語教師が教室で外国語(英語)を教えるときの適応的な枠組みとしてこの社会的認知の理論を応用したいと思います。図2は、教師(個人)が教室で学習

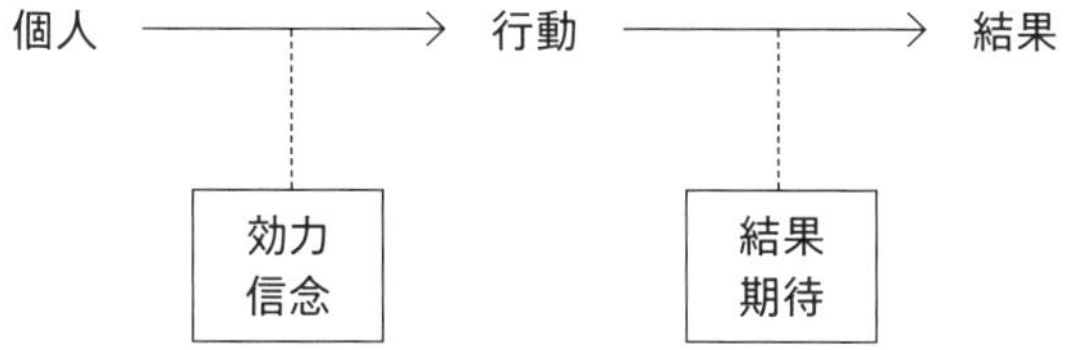

図1　効力信念と結果期待

Bandura, 1997, p. 22より、一部省略

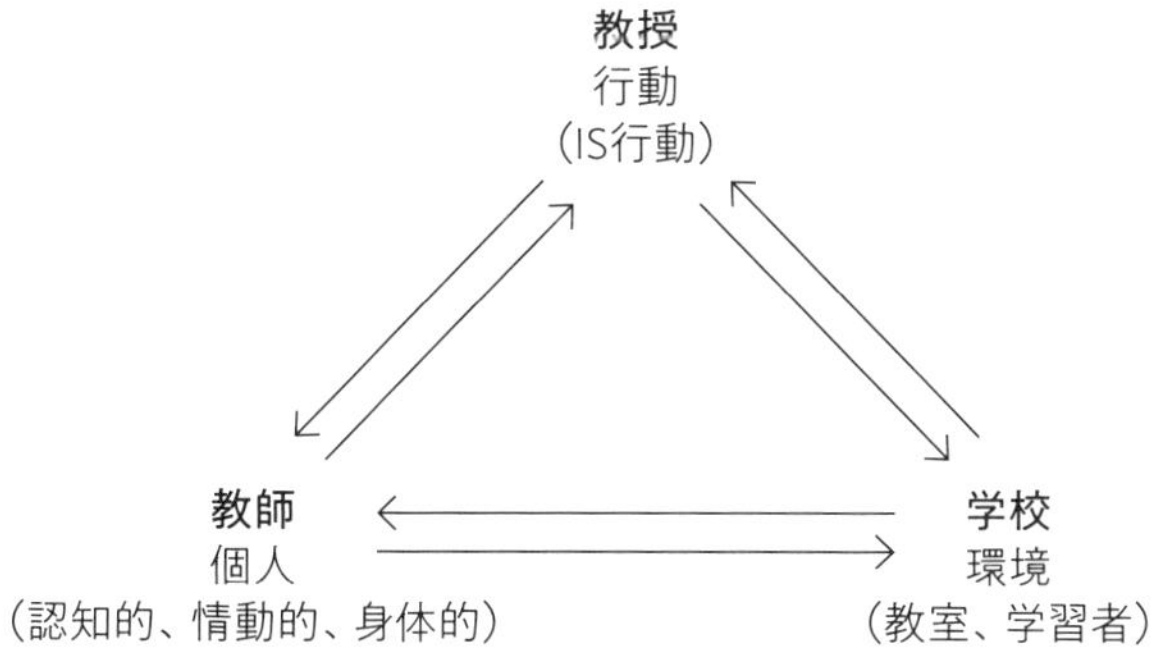

図2　学校における個人・行動・環境の三位相互性

Pajares & Usher (2008)を著者により改編

者との相互社会的な交流を通じて、認知的、情動的、身体的な行動原理を得、それが動作主体（agent）としてＩＳ行動（教授行動）との相互作用を生むことを表しています。

ところで、Bandura（1997）は、**セルフ・エフィカシー**について、自信のようなある程度固定化している信念、自己肯定感のように必ずしも具体的行動と結びつかない感覚、またパーソナリティのように社会的な集合としての特性的な概念などとは異なっており、それはある特定の行動、特に繰り返し日常で行われる課題に対する行動がどの程度できる（またはできない）かに関する主観的判断であると言っています。Banduraの考えがユニークなのは、これが、私たちが日常的にもよく用いる概念である自信や肯定感とは違い、社会的要因やコンテクストの違いで特異的（個人的）に変動するものだとしたところにあります[8]。わかり易い例をあげれば、本来、人は、行動に快感情が伴うことでその経験を成功と認識することが容易となり、さらに次の行動もできるのではないかという期待感から行動を起こし易くなるものですが、反対に、そこで得た新たな経験を失敗だと認めて不快な思いに至る行動からはそうした効力期待が得難いことから当該行動は続きません。後者の例を個別の教師に当てはめて考えたとき、教室が変わったり、異動によって教える学校が変わったりすると社会的コンテクストの変化からその教師の効力感が変動することが考えられます。これらはある状況や課題によって個人的に異なるものですから個人を超えて一般的な行動だとしたり、その人の性格だとしたりする枠組みでは考えにくいものです。他方、Edstrom（2006）という研究者によると、英語教師は1回の授業の中でも学習者からのフィードバックを通じてプラスやマイナスの瞬時の感情を継続的に経験しているといい[31]、そうした瞬間的な感情の揺れが効力感に何らかの影響を与えている可能性もあります。このような**セルフ・エフィカシー**とその変動は、これまで子どもの発達における適応行動の動因として取り上げられることが比較的多かったのですが、いくつかの研究では動作主としての主観的認知と行動的習慣としても取り上げられ、**セルフ・**

エフィカシーが適応的で自己調整的な教師の行動の予測にも役立つと考えられています[9,10,98,99]。また、Bandura（1997）は、そのような主観的認知、すなわち**セルフ・エフィカシー**の感知に繋がる要因として、「成功経験」（mastery experience）、「社会的説得」（social persuasion）、「観察経験」（vicarious experience）、そして「感情と生理的体感」（physiological and affected state）という、効力感の源となっている体験や体感としての４つの源泉（source）があるとしました[8]。

２０００年以降になると、米国をはじめ、東西アジアや欧州の研究者によっても、Banduraの三位相互決定説に基づく特異性や**セルフ・エフィカシー**に着目しつつ教授行動の適応性を探ろうとする研究が数多く見られます[9,10,37,61,68,114,135,137,146]。それらの先駆けとなり、その後もよく取り上げられているものが米オハイオ州立大学のTschannen-MoranとWoolfolk Hoy夫妻の研究です[125,126,127,142]。彼らは、Banduraの理論を基に、教授行動の判断の元となり学習に良い影響を与えているという感覚を教師自己効力感と呼び、上述した4源泉との関連等についても継続的に論じました。よって本書でもこれからこの定義にしたがい、この教師自己効力感（teacher self-efficacy）の頭文字を取って**TSE**と呼ぶこととします。近年では、Pfitzner-Eden（2016）が、４源泉がＴＳＥの発達にそれぞれどのような影響を与えているのか検討しており、教師が感じる効力感の経路にも、(1)自らの行動で目標達成できているという認識（「成功経験」）をはじめ、(2)信頼に足る他人（生徒や他の教師達）との信頼関係から得た次の行動への自信（「社会的説得」）、(3)他人の教授行動の観察からのモデル化（「観察経験」）、(4)感情や体感を通じてできそうだ、あるいはできそうにないとする認知（「感情と生理的体感」）の4つの具体的源泉チャンネルを特定しています[101]。

ところで、TSEについての科学的検討を行うときは、必ずしも効力感があるときのみに着目するのではなく、効力感が無い、あるいは減衰するときの状況も同様に探っていくことが重要です。例えば、国内でTSEを研究した渡邊・中西（2017）の研究では、TSEは成功の積み重ねのみで恒常的に維持されるものではなく上手くいかなかった行動を通じても考えるべきだとして、TSE研究における失敗の経験の重要性を指摘しました[134]。また、丹藤（2005）は、TSEは学習者の望ましい変化による目標達成の経験のみならず、教師が時に苦いマイナスの経験をすることで葛藤や問題意識の克服に至り、そのときのTSEの変動が時間と共にもたらす行動変容によって教師の成長が促されるのではないかとしています。これらのことから、日本人英語教師も学校や教室での様々な状況の下、個々の学習者からのフィードバックを繰り返し得ることで失敗や成功を繰り返し、「成功体験」「社会的説得」「観察体験」「感情と生理的体感」の4つの源泉を通じて、折に触れ**セルフ・エフィカシー**を感知（perceive）しながら、主観的なTSEの変動を経験しているのではないかと考えることができます。これを具体的な教師の姿に例えれば、以前の学校で上手くいっていた経験から比較的安定した効力感を得ていた教師が、異動先の学校では同じ行動が全く上手くいかずに葛藤が生じて効力感の変動や下降を経験することが考えられます。英語教師についてもこの4源泉を手がかりとして、質問紙や面接法によって一般的な傾向を探ったり、教師の固有の体験（事例）から得られた結果を統合して考察したりすることで、TSEがどのように教授行動に関与しているのか、特に、教授目標を達成しようと努力する中でどのように日本語行使を減らし、英語行使を拡大させてＩＳ行動を適応させているのか、すなわち**バイリンガリズム**の専門性向上にＴＳＥがどう関係しているのかを探ることができます。

第4項　教師の熟練とセルフ・エフィカシー（ＴＳＥ）

この章の最後に教師の熟練とＴＳＥの関係についてのいくつかの研究を見てみましょう。近年、若手教師や中堅教師、ベテラン教師など経験（年数）の違いに着目した研究が蓄積されています[63, 83, 126]。例えば、Tschannen-Moran & Woolfolk Hoy（2007）では、米国のベテラン教師と若手教師のＴＳＥを比較検討し、ＴＳＥが地域や学校種、学習段階（初等教育であるか中等教育であるか）などの環境的要因よりも、とりわけ教授経験に由来した「成功経験」の影響を強く受けるという結果が示されています[127]。評価の高い大学教師を対象としたMorris & Usher（2011）の研究では、一定以上の教授経験を持ち、受賞歴がある優れた教授を行なっている教師のＴＳＥには環境に左右され難いという特徴が見られ、このことから彼らは様々な環境要因への適応を可能にする職能発達（professional development）を遂げているとして、やはりTschannen-Moran & Woolfolk Hoyの研究結果と呼応する見解が示唆されています[83]。これとは反対に、教える経験を初めて体験する学生教師については、Chiu & Corrigan（2019）がインターン研修中の香港の学生教師には教職課程における自らの学習経験とインターンでの現実体験とのギャップから大きなＴＳＥの変動が観察されたことを報告しており、経験の浅い教師のＴＳＥが変動し易いことが示されています[20]。また、Lazarides et al.（2020）では、豪州のインターン研修初期の教師と終了直後の教師が比較され、生徒や親からの高い期待（高い教授パフォーマンス、親の過度の要求）やネガティブな状況（生徒の否定的反応、同僚のサポート不足）があると、「成功経験」を通じたＴＳＥが感知され難くなることが見出されており、インターンという短期的経験の場合においてさえ、その経験の有無によって教室運営の成否判断とＴＳＥの関係に大きな差が生じることが示唆されます[63]。こうした結果をみると、ＴＳＥは、教職経験が浅いうちは、その場の状況による影響を受け易いのに対して、経験が積み重なるにつれて状況的要因の影響を受けにくく、それに呼応して変動しにくくなると考えられ、それによってある程度の経験を積んだ教師の場合は、ある文脈で利用できる教授資源（例えば、母語は教師と学習者の双方の教授と学習の資源と言えます）に依存し過ぎることなく経験に基づいて目の前の学習者の反応に合わせた適応的な行動がとれるようになることが窺えます。

話を英語授業に戻すと、英語教師の専門的熟練とＴＳＥの関係についても90年代からいくつかの研究が見られます[34,62,68,82,107,120,135]。経験が無い教師の例を見ると、Lai（1996）の研究では、香港の教育実習中の学生教師が母語（中国語）を使わずに英語だけでいきなり授業を行うことは不可能だったという現実体験（reality shock）から、学んだ知識が初めての教授行動で役に立たないことで、教育実習生には**セルフ・エフィカシー**の減衰（自信喪失感）が見られることが指摘されています[62]。また、Faez & Valeo（2012）が、教職経験3年未満の英語教師の仕事ぶりが演習内容や教室環境に左右され易いのは、「成功経験」が少なくTSEが状況の変化を受け易いからだと述べています[34]。

以上の研究からは、熟練の度合いや経験年数によってTSEがその時々の状況の影響を受け易いかどうかに違いがあり、経験年数を積んだ教師では影響を受けにくいためにTSEの変動が比較的小さく、反対に、経験の少ない教師では変動し易いとの推論が成り立ち、TSEの変動の様相が熟練を捉える一つの指標となることがわかります。

ところで、TSEと教師の経験や専門性発達との関係について調べた我が国の研究としては、前項であげた渡邊・中西（2017）や丹藤（2005）がありますが、感情経験と教職の専門性の関連を検討した木村（2010）の研究でもそれらについて言及されています。そこでは、授業中の生徒の参加度の深まりから教師に快感情が生起すること、すなわちここで定義された「心的報酬の即時的獲得」が、教師の活力や動機づけ、**セルフ・エフィカシー**を高め、それが実践の改善や創造的思考を促進することが報告されています[58]。これらは、TSEが教師の熟練に影響を及ぼす一要因となり得ることを示唆しており、日本人英語教師のIS行動の熟練にもTSEが関わっているはずですが、国内でIS行動そのものについて未だ十分に解明されていないことから、**バイリンガリズム**の専門性の向上（熟練）とTSEとの関係についての検討はなお見受けられません。

第2章
何をどう明らかにしたいのか

第1節　3つの問い：明らかにしたいこと

これまでに述べた過去のIS研究や本研究の背景となるポイントを、ここで改めて箇条書きにしておきましょう。

・IS研究には母語と目標言語によるバイリンガル行動をどうやって最適化するべきかというメインテーマがある。一方、日本では「英語で授業を行う」国の方針が出たことで日英のバランスあるIS行動を目指そうとして葛藤する教師の姿が見られる。

・日本やアジア諸国では教師の母語行使率は欧米より高い。母語をどれだけ許容すべきかについての意見の相違や母語依存問題、加えて、生成AIの教師の役割への影響が新たに懸念される中、賢明なIS行動を模索する研究の必要性が高まっている。

・日本では英語オンリーの授業は総じて否定的に捉えられており、理解や動機づけへの重視から必要に応じて日本語が使われる。また、教師の信念と実践の間には矛盾が見られ、複雑なIS行動の原理を解明しようとする研究の蓄積も不足している。

・教師心理と行動のメカニズム解明には教師の**セルフ・エフィカシー**（TSE）が有用である。TSEは失敗や成功の体験や教育環境の変化に敏感であり、ISとTSEの関係を調べることで日本語行使を含めたより適応的なIS行動への理解が進むと思われる。

・経験が浅い教師のＴＳＥは変動し、経験を積んだ教師ほどＴＳＥの変動が小さく適応力が高くなる傾向がある。この変動は教師の熟達度合いを評価する指標となり得るが、職業的**バイリンガリズム**の専門性向上とＴＳＥの関係を探る研究は少ない。

先行研究で明らかとなった以上のポイントを踏まえ、本書でこれから述べようとしている研究の目的は、我が国の中等教育段階（中学と高校）の英語教師の教授発話（ＩＳ）行動と教師自己効力感（ＴＳＥ）の関係を実証的に（データに基づいて）探ることです。これにより、日本におけるＩＳ行動とＴＳＥの関係の解明を進めると同時に、関連して、**バイリンガリズム**の専門性の向上（熟練）過程とＴＳＥとの関係についての検討も行います。また、単に日本人教師のＩＳ行動を切り取った現象的モデルとして捉えるだけではなく、そこからやや中長期的な道筋を仮定してその捕捉を試みる（モデル化する）ことで、日本人教師のより適応的でバランスの良い**バイリンガリズム**の達成へ向けてどのような示唆が得られるのかを考えていきます。

一方、英語による教授発話の増大という国の方針や生成**ＡＩ**の活用という点からは、英語で話すことを増やすためのより具体的なプロセス、とりわけ、これまでにあまり注目されてこなかった英語授業の中の日本語をどう洗練するのかという観点からも熟練の道筋を探ることで、より包括的な教育へ向けた教育方法の提示を考えます。

以上の目的の達成へ向け、以下に述べる３つの具体的な問いを立て、それぞれに対応した研究を一つずつ順に実施することとします。各問いは次の通りです。

【問1】日本人英語教師のＩＳ行動は、教授目標が口頭スキル重視となった90年代から今日までどう変化したのか

【問2】日本人英語教師のＩＳ行動は、ＴＳＥとどのように関係しているのか

【問3】日本人英語教師のＩＳ行動とＴＳＥの関係性は、熟練の度合い（経験）でどのように異なるのか

第2節　実施した3つの研究

上記の各問いのそれぞれ対応した研究を順に研究1[94]、研究2[91]、研究3[95]として実施しました。以下に、図3に表した各研究の詳細と全体の構成をかいつまんで説明しておきます。図中の丸付き数字（①から⑤）はそれぞれ独立した5つの調査を表します。研究1は、90年代以降の3時点を比較するクロスセクション比較（量的研究・ＩＳ計量化①）です[94]。それぞれの時点は、およそ20年前のKaneko（1992）、10年前の表（2011）、そして今回の調査データです。ここでは教師のＩＳ行動が教授目標の変遷と共にどのように変わったのか（あるいは、変わらなかったのか）を数理統計

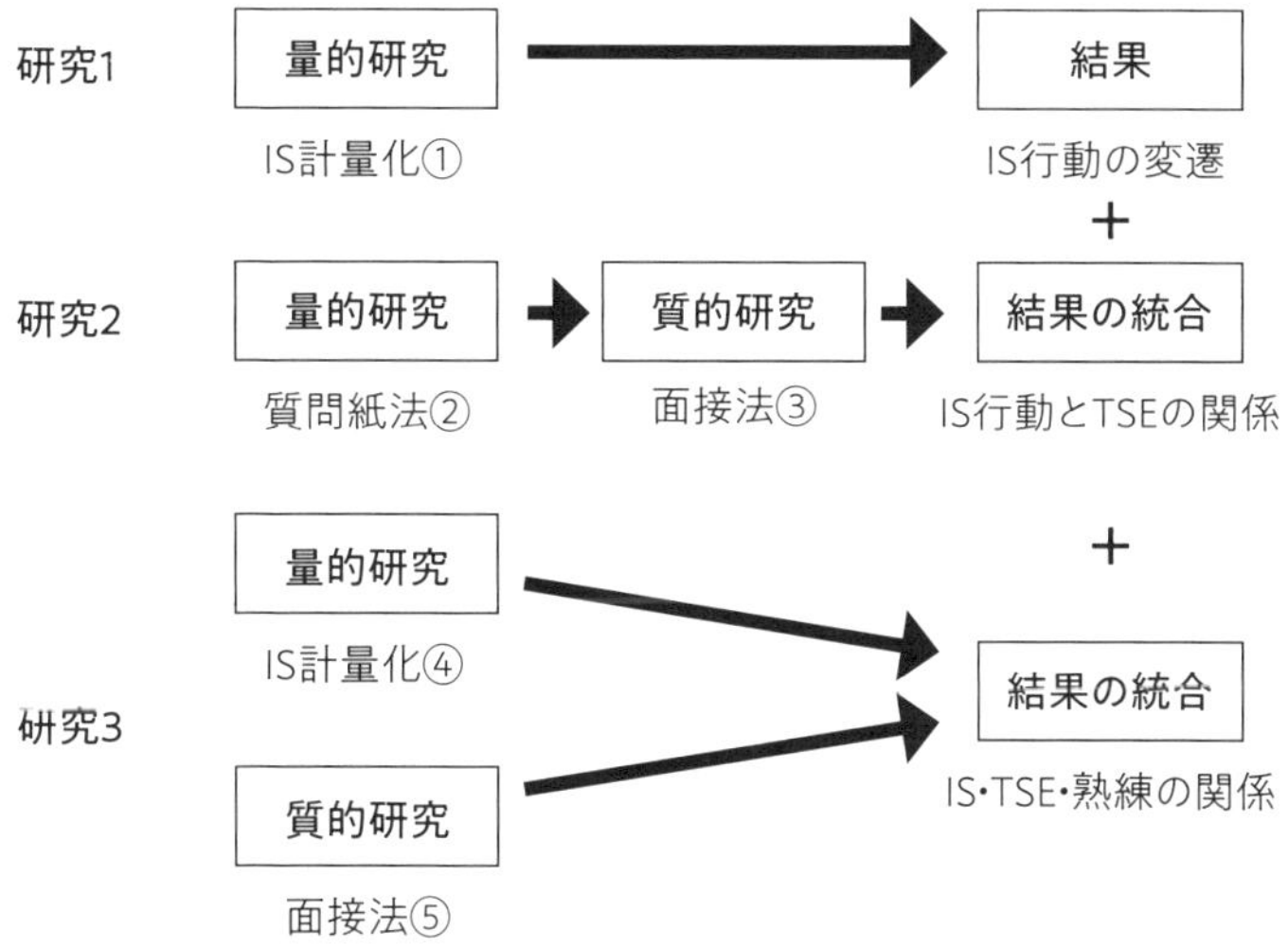

図3　研究の構成

的な量的手法で確認します。研究２では、ＩＳ行動が行動原理を介してＴＳＥと関係するという仮説を立て、質問紙によるＩＳ行動と行動原理の計量化と分析（量的研究・質問紙法②）と、それに引き続き面接調査で回収された文字データの定性的分析（質的研究・面接法③）の２つを統合して検証していきます[91]。最後に研究３では、経験年数の異なる中学と高校の英語教師３名を対象に、ＩＳ行動データの定量分析（量的研究・ＩＳ計量化④）と、平行して行なった「実践的対話」[35,116]による面接データの定性分析（質的研究・面接法⑤）を行い、これを統合して考察します[95]。

第３章
過去30年で教師の話し方はどう変わったのか――研究１

第１節　研究１の課題と目的

外国語教育における**インストラクショナル・スピーチ**の研究（以後、ＩＳ研究）では、教室環境や言語、文脈や条件によって２つの言語の割合を比べたときの母語の割合が０％から90％と幅広く、一定の枠内には収まりません[100,131]。また、第１章で述べたように、最適な母語行使に対する研究者の見解は、授業の遂行目標との関係から対立することがあり、必ずしも一致していません[12,90]。一般に、日本や韓国などの単一母語のアジア諸国での母語行使率は欧米諸国に比べて高く[4,65,89,145]、概ね50％から60％を超えることもあります。しかしながら、教授目標との関係からＩＳの言語比とその機能の長期的推移を定量的に比較観察した研究はこれまで国内でほとんど見られません。こうした現状から、学校における教授目標を規定する学習指導要領が訳読からコミュニカティブな方向（４技能）へと舵を切った、今からおよそ30年前の90年代を起点として（第１章参照）、それ以降、今日までに日本人英語教師のＩＳ行動パターンがどのように変化してきたのだろうという疑問が湧きます。

そこで、研究１では、第２章で掲げた【問１】の「日本人英語教師のＩＳ行動は、教授目標がスキル重視となった90年代から今日までどう変化したのか」に答えるために、ＩＳを１９９０年初頭（調査１）、２０１０年代初頭（調査２）、２０２０年（調査３）の合計３時点で比較し、過去30年間の英語授業におけるＩＳパターンの長期的な推移の傾向を探りながら、日本人教師のＩＳ行動にどのようなパターンの違いや機能的な変化が見られるのか見ていきたいと思います。

第2節　母語と英語をどう比較するのか

第1項　バイリンガル言語比

母語と目標言語の割合の算出には、2つの言語を割り出すバイリンガル言語比と、インストラクションの目的と内容に合わせて何をどう話しているのかという発話の機能を割り出すインストラクショナル機能比の2種類があります。そこで、これら2種類の割合算出過程について、関連したいくつかの研究を紹介しながら述べていきます。

バイリンガル言語比の算出については、国際的に定められた方法が無く、いくつかの手法にはそれぞれ一長一短があるので、その都度、目標言語と母語の関係（これを言語間距離と呼ぶこともあります）に則して行われるのが一般的です。計量化には抽出と分類の2つのフェーズがあり、抽出では、異質な言語同士を正確に比較するためにそれぞれの統語（文法）や表記（文字）体系に注意します。この理由は、比較する言語の統語や表記の異なりの程度（言語間距離）により単語カウント法と時間サンプリング法のいずれかを選択する必要があるからです。例えば、日本語と英語の比較の場合、以下に述べる理由から時間サンプリング法が優れています。言語の文法構造が近い言語同士、例えば、同じアルファベット表記の屈折語である英語と独語の場合なら、表記や品詞の差が少ないために単語を数え上げの単位とする頻度比較が容易です。例として、De la Campa & Nassaji（2009）は、カナダ在住の英語話者学生に対する独語教師の2名のＩＳから単語カウントにより英：独＝１：９の割合を得、またRolin-Ianziti & Brownlie（2002）は、オーストラリアの英語話者学生に対する４名の仏語教師の発話から同様に英：仏＝１：９の割合を得ています[29, 102]。これに対し、言語学的に膠着語に属する日本語には表記の違いに加えて英語に存在しない付属語（助詞・助動詞）もあることから品詞の種類や統語構造が数え上げの障害となり、単語カウントの代わりに時間サンプリングを用います。

分類法には定性的分類と定量的分類の2通り（それぞれカテゴリ化と時間測定）があり、前者には、Duff & Polio（1990）のコード分類が使われます[30]。これは、割合を算出する変数となる音声や転写データ上の時間（50分授業など）をあらかじめ0秒から一定間隔（15秒など）のロットに区切って抽出（無音、不明瞭なロットは除く）しておき、そこに出現するサンプルを2つの言語へ分類することでその頻度や割合を比べます。例えば、50分＝２００ロット（50×60／15）に対して母語：目標言語＝１２０：80の頻度であれば言語比は６：４の割合となります。

Duff & Polio（1990）は、インストラクションにおける発話の統語的機能（語順や修飾関係）が母語基盤的か目標言語基盤的かという定性的区分（カテゴリカル5分類、表1）を用いて米国ＵＣ

表1　Duff and Polio（1990）のカテゴリカル5分類

コード	言語区分
L1	発話は、完全に母語のみで機能
L1c	発話は、目標言語の語句が含まれた母語として機能
Mix	発話は、母語と目標言語で混成して機能
L2c	発話は、母語の語句が含まれた目標言語として機能
L2	発話は、完全に目標言語のみで機能
Pause	発話は、無し
?	発話は、不明瞭

Note. L1とL2はそれぞれ母語と目標言語を指し、cはその言語の中に他の言語による引用が含まれることを表す

LA大の13名の外国語教師を対象に英語（母語）と各目標言語のバイリンガル言語比を割り出し、平均で英語：目標言語＝3：7、ばらつきの幅が0：10から9：1という結果を得ました[30]。ここでは教師間の比のばらつきが目標言語によって大きく異なり、また、母語行使率が平均で3割と低く止まっています。しかしながら、発話の定義づけ（後述）や分類プロセスの妥当性、例えば、各外国語の文法構造と英語がどの程度違うのか、Mixはどちらの統語基盤のものかといった情報が不明であることや、ISが母語を統語基盤とする発話（L1＋L1c）と目標言語を統語基盤とする発話（L2＋L2c）からの割合のみで構成されているのでMixの集計（0％から7.5％）が含まれないことなどの理由から必ずしも計量化が正確になされているとは言

えません。

一方、同じ時間サンプリングでも定量的抽出でバイリンガル言語比を算出している研究にKaneko（1992）があります。ここでは中学と高校の日本人教師を対象に6名の総合・読解授業で単位授業当たり平均21分（45分中、残りは無音）の音声データが回収されました。抽出にはロットと名義尺度を用いるカテゴリカルな手法ではなく量的変数（時間測定）が用いられ、収録音声中に占める教師・生徒の日英言語の時間占有率が秒単位で比率化されました。これは厳密には時間割合なので発話としてサンプリングした割合とは呼べませんが、結果は、日：英＝8：2（23,275.51秒：6,070.93秒＝79％：21％）、授業別のばらつきは5：5から8：2（対象授業計23回）でした。また生徒の音声データとの比較では、教師は生徒よりも多くの日本語占有時間でした（教師：生徒≒8：2）。この結果は、90年代初頭の中等教育における英語読解授業で教師の日本語行使割合の多さを時間的側面から限定的に表しています[51]。

次に、その約20年後、「英語で授業を行うことを基本」とした学習指導要領（文部科学省, 2009, p43）の改訂直後に高校教師（2名、計22回の読解授業）を対象に行われた調査があります（表, 2011）[89]。ここでは、Duff & Polio（1990）で不明確だった発話の定義をCrooks（1990［Kaneko,1992より］）に基づいて改良した計量化手法が使われました[28]。Duff & Polioでは発話が単に前後が無音で区切られた音調の流れとしか定義されておらず、手順の再現時に音調を区別する境界がわからないことや、2つあるいは3つ以上の複数の発話がロットに存在するときのコーディング対象の選択に迷うことがあるため分類対象とする発話の同定に課題がありました。これに対し、Crooks（1990）では、発話は、⑴音調曲線（抑揚）、⑵1秒以上の音の中断、⑶意味のまとまり、のそれぞれの中からいずれか一つあるいはそれ以上がある音声の流れと定義されていることから、表（2011）では15秒毎の中央5秒間（5-10秒）をロットの優先的参照ポイントと定め、その枠内に最大時間を占めた上記定義の発話にDuff & Polioのコード（表1）が適用されました。これにより、ロット内に複数の発話がある場合の分解能が上がり、さらに一律に参照枠を見れば分類対象が決まるためスムーズな分類が可能となりました。また、ここではＭｉｘが英語接触機会の増大に寄与する発話であるとして一律に英語に含められ、下記の算出式で割合が求められた結果、最終的な割合として日：英＝8：2が得られています。

日：英 ＝ {L1 + L1c}：{L2 + L2c + Mix}

以上をまとめると、少なくとも過去のバイリンガル言語比を見る限りでは、コミュニカティブな目標へと最初に舵が切られた1989年直後のKaneko（1992）の割合（8：2）と、そのおよそ20年後の表（2011）のそれとでは大きな差が見られませんでした。本書では、これらの2つの結果を、以下に述べる機能分析の結果と合わせてこの順に、調査1及び調査2として取り扱うことにします。

第2項　インストラクショナル機能比

国内で最初に中学高校の英語教師のインストラクショナル機能比を算出したのは、やはりKaneko（1992）です。Kanekoは、日本語行使傾向の要因となる日英発話状況を調べるためEllis（1984）の教授目標の3区分に基づく区分表（表2）により、6名の教師の4回のインストラクション（授業での指示、説明、生徒との会話を含んだ一切の発話）を対象にインストラクション機能の割合分析を行っています。Ellisの3区分は、ターゲットとなる目標言語を教えるときの教師の発話の役割をCore Goal（CG、授業内容に関するもの）、Framework Goal（FG、授業運営に関するもの）、Social Goal（SG、人間関係構築に関するもの）の3つの教授目標から分析しようとするもので、区分のポイントは、教師のインストラクションにおける役割を学習内容だけでなく学習内容を支える枠組み、及び、地域社会としての学校という面からも捉えた点にあります。これは、日本語が学校での主要な生活言語でもある日本の教師の発話にも十分に適用可能な枠組みです。

Ellis（1984）によれば、CGはさらに、⑴媒介的目標（教師自身が英語の言語的媒介となること）、⑵伝達的目標（教えるべきカリキュラム内容を伝達すること）、⑶活動的目標（活動や演習が非言語的にも個々人の行動で達成されること）のサブカテゴリから成ります[15, 32]。また、FGは

表2　Kaneko（1992）の教授目標3区分

Core目標（CG）	授業内容を明示的に示すための言語利用（説明、モデル読み、学習者の読解タスクなど）
Framework目標（FG）	授業運営のための言語利用（学習指示、生徒指導、またその学習者フィードバックなど）
Social目標（SG）	個人的な言語利用（挨拶、上記以外の教育目的に沿った会話など）

Note. Kaneko（1992）とEllis（1984）から改編

授業を維持運営するための教師や学習者の言語活動（モニタリングや注意喚起、確認やまとめなど）、そしてSGはその他の教育の枠組み内での個人的な言語活動です。注意しなければならないのは、Ellisはここで教室に母語の多様な学習者が混在している英語（第2言語）授業におけるISを想定しており、したがってこの目標の3区分は必ずしも英語教師の母語行使の役割（不安の緩和、理解の円滑化など）を中心とするものではないことです。しかし、これまで見てきたように学校で共有されている母語の補償的機能を捕捉するには、教師の行動を学習達成目標だけではなく学校内あるいは生徒との人間関係という、より広い環境における支援行動として総合的に捉える必要があります。何故なら、日本や近隣アジア諸国では、授業を円滑に運営するための会話や、教師と生徒の信頼関係を得るための個人的会話で、母語が主要なコミュニケーション機能を担っていることが無視できないからです。同様の理由でインストラクショナル機能比の分析においてこの3区分を有

表3　Kaneko（1992）の目標3区分による発話（調査1）

目標3区分	教師			生徒		
	日本語	英語	計	日本語	英語	計
Core目標（CG）	42 (52)	18 (22)	60 (74)	5	13	18
Framework目標（FG）	16 (20)	0	16 (20)	0	0	0
Social目標（SG）	5 (6)	0	5 (6)	1	0	1
教師・生徒発話比	63	18	81	6	13	19
バイリンガル言語比	(78)	(22)	(100)			

Note. Kaneko(1992)を改編、括弧内は教師内IS比、数値は%

効なツールとする研究はたくさんあります[51・55・66・89]。表3に調査1の結果として、Kaneko（1992）を改編したサマリを示しておきます。

表3のバイリンガル言語比は日：英≒約8：2（78%：22%）で、前述した時間サンプリング法による割合とほぼ一致しています。Kanekoの説明では教師によるCGの日本語（42%）は主に生徒との会話中に起こり、英語（18%）の大半はCDなどのネイティブ音声を含むモデル読みです。これに全発話の8割が教師発話であることと、教師のFGの日本語発話（16%）がCGの日本語と英語に次いで3番目に多いことを考え合わせれば、インストラクションの大半が日本語行使によって行われていたと見るのが自然です。一方、生徒の英語（13%）はドリル演習や読み練習でした。これらを総合すると、Kanekoの対象とした教師は内容説明や指示を日本語で行う講義型の授業スタイルで、英語はドリル演習の言語活動に限られていたであろうことが窺われます。

調査２の表（2011）のインストラクショナル機能分析もこれとほぼ同様のデザインで行われました（表４）。教師内のバイリンガル言語比は、Kaneko（1992）と同じ日：英＝８：２（80％：20％）、生徒発話との割合は、教師：生徒＝８：２と、やはりKaneko（1992）とほぼ同様の結果でした（表５）。一方、２つの研究のインストラクショナル機能比を見ると、教師のＣＧの比率がKanekoに比べて表（2011）の方で低く、ＦＧとＳＧの割合は同程度または高くなっており、表（2011）ではＣＧ、ＦＧ、ＳＧの３目標のバランスが平準化される傾向が見て取れます。およそ10年前の教育目標が20年前のそれと比較して徐々にコミュニカティブに移行していたことを踏まえると、教師の支援的役割が何らかの形で変化した可能性がここでも示唆されています。

第３節　研究１の方法

第１項　参加者と対象授業

研究１では、日本の中等教育段階（中学校と高等学校）の日本人教師を対象として、これまで述べた調査１（Kaneko、1992）と調査２（表、2011）の結果と、２０１９年から２０２０年にかけて回収された調査３のＩＳデータの分析結果との比較を行います。表６に各調査の参加者と分類法の概要を示します。参加者は、関東（調査1）及び関西（調査2、3）の中学と高校の教師の合計11名（調査1から3の順に6名、2名、3名）で、いずれの学校も調査時の総合的学力は地域で平均的水準、参加者11名は若手からベテランまで様々な経験の別々の教師でした。

第2項　調査3の言語比と機能比の算出手続き

調査3の発話は、言語分類法（後述）以外は調査2と同様のデザインと手続きで収集されました。各教師は調査に関する同意書に署名等をした後、衣服に装着された高品質小型マイクとICレコーダで収録が行われ、抽出にあたっては調査2・表（2011）のロット参照枠により対象発話がロット毎に一つ同定されました。また、ここではKaneko（1992）が言語比の算出で用いたカテゴリカル3分類を用いています。これは、コードを3種類に簡易化し各発話中の日本語が70％以上ならL1、69％から31％であればMix、30％以下であればL2として分類するものです（表7）。またその際に、境界の比率が30％あるいは70％前後で判定が容易でないロットはその都度秒単位で占有時間も確認しつつ分類を行いました。

インストラクショナル機能分析では、表（2011）で使用されたスキーマが用いられました（表5）。表8はコーディングの例です。コーディングでは略号と番号で属性を符号化（C1：Core目標の1番など）し、スプレッドシートを用いて目標毎に集計しました（附録2にスプレッドシートの一部をサンプルとして掲載しました）。

表4　インストラクショナル機能比の分類スキーマ

目標	Kaneko (1992)による説明	番号	詳細項目(機能)†
Core目標(CG)	学習のコア:授業内容を明示的に示す	1	意味(訳出)・読み・発音提示
		2	メタ言語(文法・解説)
		3	日英対比(言語・文化)
		4	学習説明(タスク目的・方略)
Framework目標(FG)	学習の枠組み:授業を運営する	5	活動指示(指名・方向づけ)
		6	確認(理解・進度)
		7	評価(賞賛・訂正)
		8	授業連絡
Social目標(SG)	個人的言語:社会的関係を構築する	9	効率化(フィラー・相槌)
		10	円滑化(注意・励まし・声掛け)
		11	挨拶(個人的発言・独り言)
		12	冗談

Note. † Ellis (1984) 及びDela Campa & Nassaji (2009) を元に改編

表5　表(2011)の目標3区分による発話(調査2)

目標3区分	教師			生徒
	日	英	計	計
Core目標(CG)	43	17	60	N/A
Framework目標(FG)	20	2	22	N/A
Social目標(SG)	17	1	18	N/A
バイリンガル言語比	80	20	100	——
教師Aのバイリンガル言語比	71	29	100	——
教師Bのバイリンガル言語比	90	10	100	——

Note. 表 (2011) から著者により改編、数値は%、生徒発話データは無し

表6　各調査の参加者と分類法

調査	収録年	校種学年/教師数	教師×授業回［生徒数平均］	授業内容	言語分類法
1	1992	中2/3人 高1/3人	(6×4)-1=23回 ［24名］	総合/読解	定量的/ 時間測定
2	2011	高1･2/2人	2×11=22回 ［34名］	読解	定性的/ カテゴリ5分類
3	2020	中3/1人 高1･2/2人	(1×5)+(2×9)=23回 ［37名］	総合/読解	定性的/ カテゴリ3分類

表7　カテゴリカル3分類

コード	言語区分
L1	発話の70%以上が日本語(30%以下が英語)
Mix	発話の31%から69%が日本語(あるいは英語)
L2	発話の30%以下が日本語(70%以上が英語)

Note. Kaneko (1992)を著者により改編、不明や無音のロットについては省略

最後に、言語比と機能比のそれぞれのコーディングに対する評定者内信頼性をKappa係数（κ値）という指標を算出して確認しました。Weiner & McGrath（2017）の研究では、評定者内評価の信頼性の判定に、4ヶ月後に同様の手順で取得されたデータの10%を用いて計算したκ値を用いています。そこで、私は1回目のコーディングから4ヶ月後に2回目のコーディングを行いました。この作業では、各教師の別々の授業からランダムに15分間の「開始後」、「中央付近」、

表8　コーディングの例

言語	目標	発話	ロットと時間
L1	C4	切りながらゆっくり、スラッシュとスラッシュの間は早く、間をおいて、背筋伸ばしてプリント持って	kxxx1_04:45*
	F6	OK、はい、えっと私はお城を訪れるためにマドリードに行った、that's right	yxxx1_27:15
Mix	C1	since then he always wants to make new robotを作りたかった	kxxx8_22:00
	F5	はいじゃ隣の人とちょっと、Share your idea. You have 10 sec. 10秒間	hxxx3_05:45
L2	C1	When we burn it, they produce what? What gas?	hxxx3_21:30
	S10	はい、now clean your desk and put your smartphone into your bags.	yxxx9_00:30

Note. *ロット名は、マスキング（kxxxなど）名+授業回_開始時間を表す

「終了前」の3つのロットを取り出して、合計で12％のデータ（15×3箇所×3教師＝135分／1,125分）がこれに用いられ、得られた1回目と2回目の数値から一致度を求めた結果、言語ではChoen's κ ＝ .767、機能ではChoen's κ ＝ .664といずれも十分に高い値が得られました。これらの結果から評定者内信頼性は高いと判断しました。

第４節　年代別データに見られるパターンの違い

各調査データのＩＳ比較は、統計ソフトのjs-STAR（ver.8.1.1j）を用いて日英バイリンガル言語比と日英別のインストラクショナル機能比（３目標）の２つのフェーズで行われました。まず、調査の各時点とバイリンガル言語比（３×２分割表、表9）の関連性をカイ二乗検定で調べた結果、関連性がありました。分析の結果、調査３の日本語が他のセルと比べて低く、英語では逆に高くなっていました。次に、機能比（３目標）と年代別の言語比（２×３）の３×６分割表（表10）に基づいて、目標別の機能（ＣＧ、ＦＧ、ＳＧ）と各時点の間に何らかの関連性があるかどうかを見るため、カイ二乗検定とフィッシャーの正確検定（注［１］）をしました。結果は、調査１（１９９２年）のＣＧ（英語）の値（22△）が高く、ＦＧ（英語）では低くなりました（０▼）。調査２（２０１１年）では、ＣＧ（英語、17△）とＳＧ（日本語、17△）で高く、調査３（２０２０年）では、ＣＧ（日本語、32▼）の値が低く、ＳＧ（日本語、14△）では高くなりました。図４は、各調査のインストラクショナル機能比の違いを言語別に示したものです。

注［1］この検定では度数０のセルがあり、期待値分割表に５未満の値を20％以上含んでいた。したがって，近似値だけで判断するのではなくフィッシャーの正確確率も求めた（$p < .01$）。

表9　調査毎のバイリンガル言語比

		言語比		$\chi^2(2)$	*w*
		日本語	英語		
調査	1	78	22	6.062*	0.142
	2	80	20		
	3	66▼	34△		

Note. $^*p < .05$ △有意に多い、▼有意に少ない

表10　インストラクショナル機能比（年代別）

コード		機能別バイリンガル言語比						$\chi^2(10)$	*w*
		1992		2011		2020			
		日	英	日	英	日	英		
目標	CG	52	22△	43	17△	32▼	20	31.801**	.326
	FG	20	0▼	20	2	20	11		
	SG	6	0	17△	1	14△	3		

Note. $^{**}p < .01$ △有意に多い、▼有意に少ないフィッシャーの正確検定

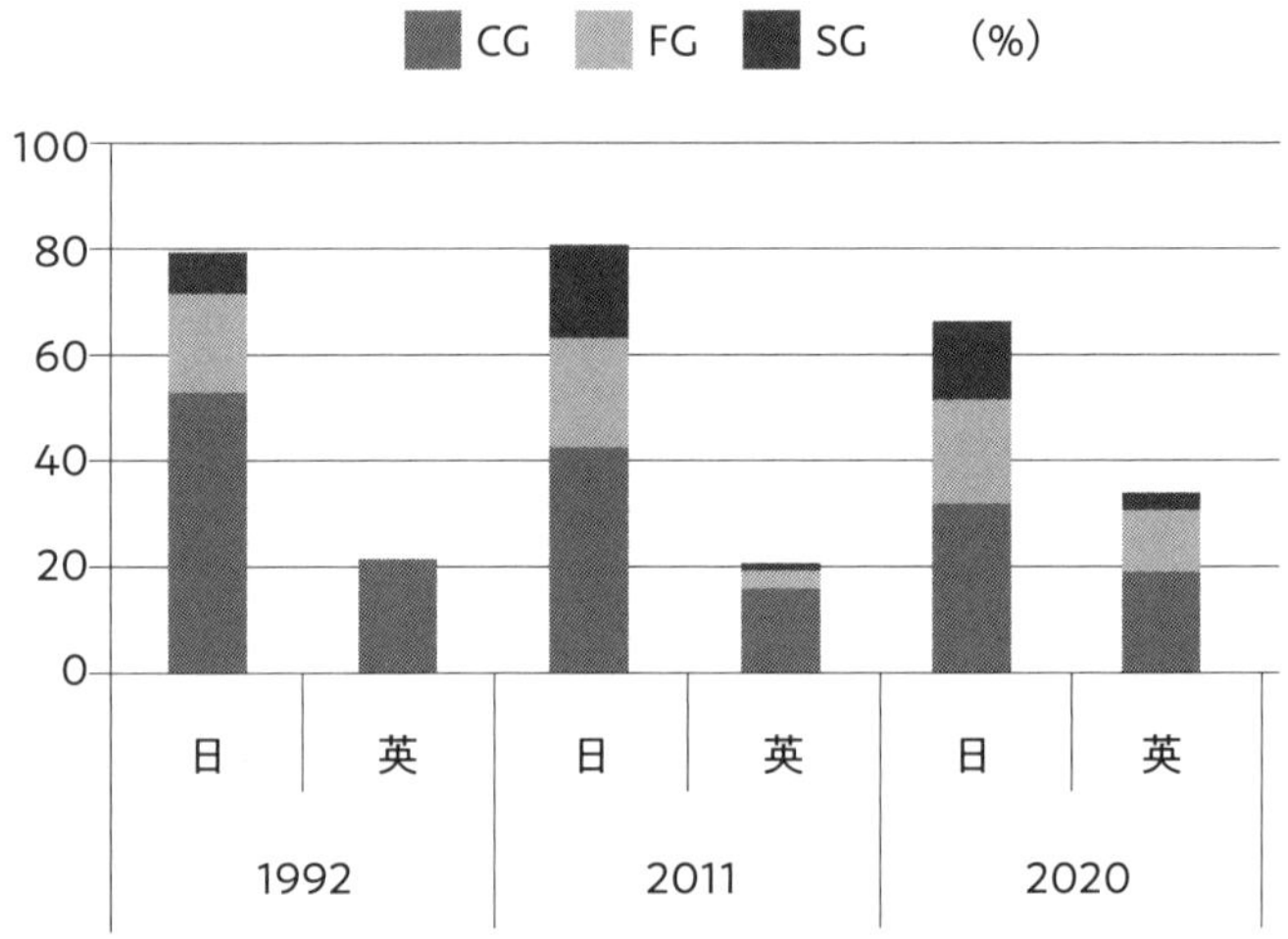

図4　発話機能比の変遷

表11　各機能の詳細項目別言語比（%）

コード	詳細項目	言語比				χ^2	V
		2011		2020			
		日	英	日	英		
C1	意味・読み・発音	28	16	19	16		
C2	文法、解説	10	0	7	2		
C3・4	対比・タスク説明	6	1	6	3		
F5	指示・指名	14	2	13	9		
F6・7	確認・評価	3	0	5	2	34.422†	.238
F8	連絡	4	0	3	0		
S9	相槌・フィラー	6	0	1	0		
S10	注意・励まし・声掛け	7	0	10	2		
S11・12	挨拶・冗談	4	0	3	1		

Note. † $p < .01$. C3とC4、F6とF7、S11とS12はそれぞれ1つの変数とされた

なお、各目標の詳細項目と言語比との関連性について、調査2と調査3で比較した（9×4分割表）ところ、こちらは統計的には関連性がありませんでした（表11）（注［2］）。

第5節　教師の英語と日本語はどう変わったのか

3時点のバイリンガル言語比には関連性が認められ、とりわけ、直近の10年間で日本語が低く、英語が高いパターンがありました。この結果は、教師のＩＳ行動による支援的役割が観察時点の違い（1992年・2011年・2020年）により異なっていたことを表しています。2011年以降の言語比に日：英＝8：2から7：3へと時間的変化とも取れるパターンが見られたことから、時代を追う毎に、ＩＳ行動を通じた教師の支援的役割に変化が生じた可能性も考えられます。しかし、2011年と2020年の詳細な目標項目を用いた比較では関連性は見られませんでし

注［2］この際、表11の詳細項目中、Ｃ1はEllis（1984）のいう「媒介目標」に、Ｃ2は「伝達目標」に、それぞれ関係するとみなしうるため、ＣＧについては英語学習の主要内容であるこれら2項目とそれら以外（Ｃ3とＣ4）とに分けて分析した。また、Ｆ6とＦ7はＩＲＦ理論（Sinclair & Coulthard, 1975）に基づけばいずれも教師からのフィードバックに相当するものと捉えることができ[112]、Ｓ11・12はＳＧの中でも授業の進行には直接関わらない発言として機能的にまとめられると判断し、それぞれ1つのコードに集約した。

た。この結果はサンプル数が少なかったことによる可能性もありますから、今後、さらに多くの事例や個別事例で検討を積み重ねていくことでより詳細な解明が期待できます。

次に、インストラクショナル機能についてはどうでしょうか。英語は年代を追う毎に学習内容（ＣＧ）では減少パターンが、学習の枠組み（ＦＧ）では増加のパターンが見られました（１９９２年には低い割合だったのが今日までに増加に転じています）。ただし、ここで英語がＣＧの学習内容で減少していることには注意した方がよさそうです。教授法がこれまで推移してきた実質的な内容面から言えば、１９９２年から２０１１年までの期間というと、それ以前の文法と訳読を中心とした講義による教授法を改めるためコミュニカティブな教授法の導入がなされ、学習指導要領が大きく変化した90年代以降の目標変遷過程の途中にあります。また、調査１と調査２で見られたＣＧに関わる英語行使の多さは、同時期の指示や確認、評価など学習の枠組み（ＦＧ）に関わる英語発話が見られなかったことを考え合わせると、極端にアンバランスなパターンだったと言わざるを得ません。Kaneko（1992）でも述べられていますが、この時期のＣＧの英語行使は実際にはＣＤなど音声教材の提示やドリル演習におけるモデル音読が主であったようですから、それらはＣＧに分類されているため、ここに表れた英語の多さは自然な会話の流れに基づく教師のＦＧやＳＧの英語発話が極めて少なかったことに帰因しているようです。これを裏付けるように、３目標のバランスは２０２０年時点ではＦＧとＳＧの英語がプラスに転じ、全体としての平準化傾向を押し上げています。

次に、日本語については、２０１１年と２０２０年の2時点で学習内容に直接関係のない社会的（ＳＧ）機能を持つ行使率が高く、２０２０年では学習内容（ＣＧ）に関わる行使率が低い傾向にあります。これらの要因としては、それまでの教授目標の変遷で学習内容や形式が変化したことに伴って、伝統的な講義型（文法説明と和訳）の授業スタイルから演習活動を中心とするコミュニケーション型のスタイルへの変化へと教師の支援行動そのものが変化したことがあげられます。教授目標3区分を提唱したEllis（1984）は、前述の通りＣＧのサブカテゴリで言語に直接関わる支援目標として媒介的目標と伝達的目標の2つをあげました。Kaneko（1992）に見られたような講義型の授業では、文法や意味内容の伝達、また学習方略の解説などで日本語が半分以上の割合で使われてそれがそのまま教育的支援へと繋がっていました。しかし、講義型の授業スタイルからコミュニケーション型の授業スタイルへの変化でＣＧの日本語は徐々に減少し、２０２０年にはついに統計的に低いパターンが生じる結果となったと考えられます。

また、学習指導要領の変遷によって、講義（伝達と説明）から生徒との交流（授業の円滑化や個人的話題）へと指導の重点が移ってきたことで教師と生徒との社会的交流がそれまでと比べてより複雑になった可能性もあります。東アジア圏の英語教育では、文法と訳読中心の画一的な教え方が徐々にコミュニカティブな教え方に変化してきています。Littlewood & Yu（2011）は、この変化を考慮に入れつつ、個々の教師がＩＳ行動を個人的に模索しなければならない時期にきていることを鋭く指摘しており[66]、日本の英語教師にもこれと同じ傾向にあるのではないかという考えも成り立ちます。例えば、ＡＬＴが学校に常駐することが増えてコミュニケーション主流の授業が大いに進んだとはいえ、やはり日本語による文法解説や日英の対比は必要であると信じてやまない教師がいたり[122,124]、日本語無しで教えることには心理的不安が多いと感じたりして自らの発話による支援行動をめぐっての葛藤やジレンマ[90,104]に陥ることもあったかもしれないと思うのです。そうした試行錯誤の結果が、教授目的の変遷と共に２０１１年及び２０２０年のＳＧに関わる日本語を統計的に押し上げたという見方も可能なのではないでしょうか。だとすれば、今回のデータに教師の個人的行動原理の足跡[29,66,91]が反映されている可能性は決して否定できません。他方、日本語削減という点からは、教師の情報伝達的支援（日本語による英語の分析と説明）を今後どう媒介的支援（日本語の洗練と英語行使）へと変えていくべきかという課題解決へのヒントを与えています。ＣＧの日本語が減り、ＦＧのそれが増えているのですから、これまで伝統的に日本語でされていた学習内容での説明が減り、学習の枠組みで使われる日本語が増えていると考えられます。この理由の一つには教室で起こるインストラクションの傾向として、説明が減って演習が増えてきたことが背景として考えられますが、これを**バイリンガリズム**の視点で捉えると、指示や確認、評価などで用いていた日本語を英語に置き換えていくことでそれまでの日本語行使を精選し、より洗練させていくことができます。その意味で、研究1の分析結果はより包括的でよりバランスの良いインストラクションへの有用な示唆を与えていると思われます。

第3章
過去30年で教師の話し方はどう変わったのか——研究1

第4章

英語教師の行動と効力感は関係するのか——研究2

第1節　ＩＳ行動とセルフ・エフィカシーは関係するのか

研究2では、【問2】の「日本人英語教師のＩＳ行動は、ＴＳＥとどのように関係しているのか」の解明へ向け、学習者が教室で達成度を上げていくにつれて教師の日本語と英語の発話（ＩＳ）と効力感（ＴＳＥ）がより密接な関係を築くのではないかという仮説を立てました。英語教師の信念と実践を研究したRichards & Lockhart（1996）によると、教師は学習者の言語的・社会的支援者として機能しながら過去の実践に基づいて教える経験と信念を蓄積していくといいます[103]。また、彼らは、そうした信念と実践に関するデータの採取では、教師の行動原理（なぜその行動を選択するのか）を探るための振り返りのデータを得ることが重要だといいます。

英語教師の振り返りから教授行動とＴＳＥの関係性を探ろうとした研究に、ベネズエラの中学校教師１００人を対象に質問紙を実施したChacón（2005）があります。これによると、文法に関する教授方略（母語であるスペイン語への翻訳含む）が上手くいっていると感じている教師のＴＳＥは、コミュニケーションスキルに関する教授方略が上手くいっていると感じている教師のＴＳＥよりも高かったといいます。また、英語力が高い教師ほど感知するＴＳＥの度合いは高いが、授業の管理運営と英語力の間には相関は見られなかったとしています。これは、ＴＳＥが教師の英語力で変動する可能性を示唆してはいますが、それが授業管理にどう関係するかという点まではわかりません。また、ここでは母語と英語のいずれを行使しているかという**バイリンガリズム**の検討はなされていません（なお、日本でも同様の調査はなされていません）。そこで、まず日本の中学校と高校の英語教師を対象にＩＳ行動とＴＳＥの関係について質問紙調査を行い、そこで得られたサンプルから教師が英語や日本語を選択する理由や信念を探ることにしました（質問紙法②）。

次に、質問紙調査の分析に引き続いて、その回答者の中から複数の教師に協力依頼をしてインタビューを行うこととしました（面接法③）。Bandura（1977, 1997）によれば、**セルフ・エフィカシー**は、ある特定の課題遂行を行う行動主体がそれまでできないと思っていた課題や新規の課題についいて、それらを次第に上手くできそうだと判断していくプロセスにおける信念として働くといいます[6, 8]。また、**セルフ・エフィカシー**は教授行動にも当てはまります[84, 101, 126]。そこで、個々の教師が自身のＩＳ行動をどのように振り返り、目標に対してどの程度上手くできる（できない）と認知し、また、折に触れて快感情[55]ややり甲斐[85]を感じているか（いないか）について具体的な知見を得るためにインタビューを実施することとしました。

Banduraの**セルフ・エフィカシー**４源泉（「成功経験」「社会的説得」「観察経験」「感情と生理的体感」）を枠組みとしてＴＳＥを面接により定性的に調べたMorris & Usher（2011）は、ＴＳＥは学習者の達成度や、彼らの自分への評価をその教師がどう捉えているかといった、教師と学習者の間の社会認知的な相互関係に影響を受けるとしています[83]。また、ここでさらに注目すべき点として、彼らは成功した教師（受賞経験者）においては、何らかの失敗をしたときのネガティブな経験（学習者との人間関係や教室の雰囲気の悪化など）が必ずしも彼らのＴＳＥの低下に直結しないことを見出しました。一方、Edstrom（2006）が自身のＩＳ行動を対象として行った日誌研究によると、教師と学習者が第1言語（母語）を共有している教室環境においては、学習者が教師に与えるフィードバックがＩＳ行動とその動機づけに肯定的または否定的な影響を直接与えるとしています。さらに、国内におけるＴＳＥ研究について概観した渡邊・中西（2017）では、ＴＳＥが成功経験だけで全体に高まることは稀であり、実際には失敗経験でＴＳＥの減衰を感じたとしても、そこから自己省察や同僚との協働を通じた解決を図ることで再びＴＳＥが高まる可能性があり、継続的な行動の重要性が指摘されています。

これらの先行研究を統合すると、教室で学習者から得たポジティブもしくはネガティブな反応がＴＳＥの変動に何らかの影響を与える一方で、一定の成功をおさめた教師のＴＳＥは、必ずしも学習者から直接の影響を受けないことや、ＴＳＥが実質的に機能するためには成功経験のみではなく失敗経験の重要性も示されていることから、教授行動とＴＳＥの関係性は、Bandura（1997）が述べた通り、学習者と間接的に影響し合う中で人の持つ社会的認知における**セルフ・エフィカシー**の変動（英語では fluctuation と言います）及び成功や失敗の経験を通じて目標達成に繋がっていくのではないかと考えられます。以上のことより、英語教師のＩＳ行動においてもそこに付随する成功経験や失敗経験を通じて、何らかのＴＳＥの変動が感知され、それと共に英語教師も教室の状況に合わせて複雑なＩＳ行動をとるのではないかと想定することができます。

これらの先行研究を踏まえて、日本の中学校と高校の英語教師におけるＩＳとＴＳＥの関係、すなわち教師の自らのＩＳ行動と効力認知に対する振り返りを調べるために、本章冒頭でも示した【問２】に下記の２つの副次的な【問２－１】と【問２－２】を設定し、この順に後述の質問紙法②（ＩＳ行動）と面接法③（効力認知）を通して検討しました。

【問２－１】教師の行動について：ＩＳの選択行動は、**セルフ・エフィカシー**とどのように関連しているか

【問２－２】教師の認知について：英語行使と日本語行使にそれぞれどのような効力感を感じているか

第２節　混合法

第１項　研究デザインと参加者

研究２では、ＩＳとＴＳＥの関係が混合法で探られました（図３）。混合法とは、数値情報を扱う定量的手法と、文字情報を扱う定性的手法の２つの異なる手法で別々に回収されたデータから、それぞれに得られた結果を最終的に統合して考察することで、それぞれの単独の結果よりも説得力

のある結論を得ようとする研究デザインのことをいいます[25,26]。ここで行う定量的手法とは、質問紙法による定量データ（数値情報）の回収、及びそのデータに統計処理を施すことによって得られる一般的傾向の同定のことを指します。一方、定性的手法は、こうした質問紙だけでは得られない固有の定性データ（文字情報）を面接法で回収し、そこから数理統計的分析だけでは難しい、応用可能性が高い分析を目指そうとするものです。研究2ではこれら2つの異種データを段階的に別々に得て、最終的にはその2つを統合して考察していきます。

調査は量的フェーズ、続いて質的フェーズの順序で行われました（第2章、図3の「研究の構成」参照）。定量データは質問紙法②（量的フェーズ）で、定性データは質問紙の回答者から選抜された協力者を対象に面接法③（質的フェーズ）で、それぞれ回収されました[26]。質問紙（附録1に掲載）は、国内の中高の日本人英語教師175名に送付され、同意書に署名した108名（中学校59名、高校49名、回収率61・7％）の回答をデータとしました。年齢層は20から60歳、教職経験年数は1から26年でした。これらの日本人教師の参加者には属性上の大きな偏りはありませんでした。

一方、後述する質問紙法②の結果（バイリンガル言語比が平均で日：英＝6：4）を基準として日本語が6割以上の回答者から任意に選抜した11名を対象に面接を依頼し、同意した6名に面接が行われました。参加者の言語比は、日：英＝7：3であり、母語は全員日本語で、生徒との人間関係も良好でした。また、これら参加者の質問紙の回答データを確認した結果、全ての項目において平均的な値を示し、外れ値も含まれていませんでした。なお、年齢、学校種、性別、経験年数などの外的要因には参加者間で適度なばらつきが見られ、教師Ｅのみ海外滞在歴が７年と他の教師よりも長く、また、教師Ｄ以外の５名が高レベルの外部英語試験（ＴＯＥＩＣや英検）の得点を得ていました。しかし、総じて６名の参加者には回答の数値に大きな偏りはありませんでした。

また、第１章第４項で述べたように、ＴＳＥには、地域や学校種、学習段階（初等教育であるか中等教育であるか）などの環境的要因よりも、とりわけ教授経験に由来した「成功経験」の影響を強く受けるという特徴があることを踏まえ、中学校と高校という２つの教授段階は、研究１の調査１（Kaneko、1992）、調査３（表、2011）と同様に一つのカテゴリ変数として扱いました。他方、経験年数が概ね４年以下、10年、20年以上となるように偏りなくインタビューに採用されました（但し、研究２では経験年数別の比較はしていません）。参加者の概要は表12の通りです。

教師Ａと教師Ｄは中学校の教師で、教師Ａは、教職経験が３年目、ＴＯＥＩＣが８８０点、申告されたバイリンガル言語比（日本語：英語、以下言語比と略す）は６：４でした。ベテランの教師Ｄは、言語比が９：１で英語発話に自信が無いと言い、生徒に英語について自信を持ってもらうスキルや経験が自分にはまだないので、これ以上多くの英語行使は難しいという気持ちを抱いていました。高校教師である教師Ｃは、30代後半で、以前の学校と現任校とで合わせて10年の経験、言語比は８：２でした。彼女は海外滞在が豊富で英語行使に積極的だったと言います。ＴＯＥＩＣのス

表12　面接調査の参加者の概要

教師	年齢	性別	校種	学年	経験年数	海外滞在歴	検定スコア（英語力）	バイリンガル言語比†	面接時間（分）
A	20代後半	女	中	1	3	2年	TOEIC 880	6:4	79
B	20代後半	男	高	2	4	1年	TOEIC 870 IELTS 7.0	7:3	74
C	30代後半	女	高	1	10	2年	TOEIC 935	8:2	106
D	40代前半	女	中	3	20	2年	STEP英検2級	9:1	75
E	40代後半	男	高	3	23	7年	STEP英検1級	7:3	66
F	50代前半	男	大	1	10	2年	TOEIC 985	6:4	55

Note. †参加者からの質問紙への回答（申告）による

コアは935点と高く、以前の学校のようにもっと英語で授業をしたいが、大学入試で成功するには学校の方針に合わせて日本語で文法を教える方がよいと感じていました。Cと同じ高校で教える教師Eは40代後半で、カリフォルニア州で7年間の教職経験があり、その後、現在の学校で14年間教えていました。彼の授業も大学受験を達成目標とし、学校の方針により日本語で文法を教える必要があることから現在の言語比は7：3でした。同じく高校で教える教師Bは、IELTSが7・0でアメリカに1年間留学した経験がありましたが、言語比は7：3でした。彼は、文部科学省の推奨する「原則英語」の方針は理想だとしつつも完全には納得していないと述べました。かつて英語だけで授業をしたことがあり、そのときは生徒とのコミュニケーションが上手くいかず成功しなかったといいます。教師Fは、教職歴10年で、現在大学勤めですが、以前に高校での教師経験があります。また、参加者の中では最年長者で、さらにTOEICの得点は985点と参加者中最高点であったにもかかわらず、申告された言語比は6：4でした。

量的・質的フェーズの調査と分析終了後、それぞれの結果が統合、考察されました。

第2項　質問紙法と面接法

1．質問紙法

質問紙は31項目から成り、各項目は3部に分けられました（附録1参照）。第1部では外的な教室要因（性別や年齢、学校種などに関する6項目）、第2部では内的な教室要因（到達目標や授業スタイル、IS行動に関する11項目）、第3部では日本語と英語のそれぞれに対する回答者の**セルフ・エフィカシー**への賛成の度合い、すなわち、回答者自身の日本語発話あるいは英語発話にどの程度効力があると思うかが、項目別に聞かれました（14項目）。

第2部における回答者の内省によるIS行動（下記⑴から⑷の4項目）を調べるため、回答者にある1クラスのインストラクションを想起してもらい、そのバイリンガル言語比を、例えば、英語3割に対して日本語7割（日：英＝7：3）とするなど、十分率に数値化して申告してもらいました。また、これらの4項目の内訳については、英語授業におけるISを発話機能（授業内容、授業運営）の観点からまとめたPolio & Duff（1994）のISの機能的区分けにしたがい、それぞれ⑴授業内容に関する教師の言語比（項目13）、⑵授業運営に関する教師の言語比（項目14）、⑶授業内容に関する学習者の言語比（項目15）、⑷授業運営に関する学習者の言語比（項目16）としました。

第3部では、前述のように、教師のIS行動に関する効力への賛意を言語別で測定するために、14項目（日本語7項目と英語7項目）の6点リッカート尺度（1＝全くそう思わない、から、6＝とてもそう思う）が作成されました。例えば、項目22と項目29は英語と日本語のそれぞれの発話について「英語授業における教師の日本語発話（英語発話）は、学習者にとって学習活動の理解をより促進させる」と、項目中の日本語と英語を入れ替えただけの対項目（7項目）になっています。これらの14項目は、教室での外国語教授における母語の機能を実証的に研究した3つの先行研究、De la Campa & Nassaji（2009）（英語［母語］と独語）、Liu et al.（2004）（韓国語［母語］と英語）、Polio & Duff（1994）（英語［母語］と13の外国語）を参考に、それぞれの結果に共通する5つの主要な母語の機能（教師の母語行使の理由や目的）を抽出して作成されたものです[29, 65, 100]。それらは、それぞれ⑴目標（生徒の目標達成のために日本語発話／英語発話がどの程度有効か［項目18－20と25－27］）、⑵理解（生徒の授業内容の理解のために日本語発話／英語発話がどの程度有効か［項目21と28］）、⑶促進（文法などの言語機能の理解を高めるために日本語発話／英語発話がどの程度有効か［項目22と29］）、⑷円滑化（日本語発話／英語発話が学習活動をスムーズに進めるためにどの程度有効か［項目23と30］）、⑸豊かさ（日本語発話／英語発話が、授業への積極的な参加などの学習を豊かにするためにどの程度有効か［項目24と31］）、の5項目です（注［1］）。

2. 面接法

面接調査の目的は、ＩＳとＴＳＥの固有の関係性をいくつかの事例を通じてさらに深く探ることです。そこで、前述したMorris & Usher (2011) のコーディング基準 (Banduraの**セルフ・エフィカシー**4源泉) に基づく半構造化形式の質問 (表14の問2から問5) によりＴＳＥが教授経験と共にどのように推移、変化してきたかを探ることとしました。最初に、参加者との信頼形成を図るため教職に就くまでの英語学習経験について聞き (問1)、また、問6では、文科省が提唱した英語を基本とする授業方針について現場の教師としてどう思うかも聞きました。面接用プロトコルは、箕浦 (1999) に基づき、複数の他の教師に一度パイロット調査を行って細かな文言の修正を経て確定されました (表13)[76,77]。インタビューは、参加者が同意書に署名した上で静かな部屋で行われ、また、分析は文字起こしデータの参加者による確認後、同意を得て開始されました。

文字データは、定性分析ソフトに搭載され、最初に、6人の参加者からの全引用文からＴＳＥに

注 [1] 項目の妥当性と信頼性を確認するために主成分分析 (ＰＣＡ、プロマックス回転) を行ったところ、カイザー・マイヤー・オルキンの値 (ＫＭＯ＝.79、14項目全てで.70以上) 及びバートレットの球面性の検定 (χ^2 (91) =1239.09, $p<.001$) のいずれでも妥当性が高いことが確認された。また、クロンバックのα値は14項目で0・84と項目の信頼性も高いことが示された (日本語α＝.90、英語α＝.91)。

関わる引用文が特定されました（33個）。コーディングは、これらを用いて2段階で行われ、1次コーディングは、4つの源泉（成功体験【ME】、観察体験【VE】、社会的説得【SP】、感情と生理的体感【PA】）と、5つの言語選択コード（日本語選択【JP】、英語非選択【non-EN】、英語選択【EN】、日本語非選択【non-JP】、言語非選択【NL】）を基に行われました（以後、コード名であることをわかり易く示すために【】を用います）。これらの異なる2種類のコーディングは、一つの引用文に対して一様になされました。例えば、「英語は、自分の中にある体感的なリズムを作るために自分を励ますツールでもある」という引用に対しては、源泉と言語のそれぞれのコードである【PA】と【EN】の2つが振られました。なお、ここでは**セルフ・エフィカシー**と**バイリンガリズム**における言語選択の関連性を見ることが目的ですので、この後【NL】の引用文は分析から削除されました（1個）。

次に、2次コーディングでは、コード化された各引用文で語られた日本語または英語の教室における役割（動機づけや認知的補償など）を探る目的で、よりオープンなコーディングが行われました。また、この作業では、**バイリンガリズム**における言語選択（日本語と英語）に関係づけられた4源泉（ME、VE、SP、PA）が、個々の教師の固有の文脈の中でどのように具体的に機能しているのかを仮説的に推定し、その機能を言語別に類型化して最も抽象度の高い最終ラベルを付けました[76,83]。例えば、源泉で【ME】、言語で【JP】とコード化された教師Eの引用、「生徒は、あやふやな英語で説明されるよりも信頼できる母語で納得する方がいい。物事を論理的説明に

表13　面接用プロトコル（研究2）

	質問
問1	**英語教師になる以前の経験について教えて下さい。**
	・あなたの英語学習を成功させるモチベーションとなったことはなんですか。
	・英語学習でのあなたの効力感に影響を与えた先生について教えて下さい。
問2	**どんな成功体験が自分の教え方はこれでいい（出来そうだ）という感覚になるのか教えて下さい。**
	・授業が上手くいったかどうかについてあなたが教えるときの発話の面でどのようにわかりますか。
問3	**他の教師で自分が教えているときも効力を感じるような先生について教えて下さい。**
	・あなたが観察した他人の教え方で自分にも出来そうだと思った事例はありますか。
問4	**あなたの教え方に対しての他の教師や生徒の反応について教えて下さい。**
	・他の教師や生徒のコメントであなたの効力感に影響を及ぼしたことはありますか。
問5	**教えていて何か明確に体感することや特別な感情を抱くことがあれば教えて下さい。**
	・あなたの効力感に深く影響を与えることや感情はどんなことですか。
問6	**英語だけで授業をする方針は、教師にどのようなメリットやデメリットがありますか。**

Note. 問2から問5は、Morris & Usher (2011)を改編

より学びたいようです」には、日本語を英語理解に用いることで【ＭＥ】及び【ＪＰ】と結び付けられた他の全ての引用と合わせて「認知的方略の達成」という、まとめの最終ラベルが創出され付与されています。このＩＳ機能は「認知的道具」という機能名で同定されることとなりました。

以上の分析の形式的妥当性を上げる手順として、以下に述べる２

つの点に注意しました。第一に、データのパターンを決めるのに何らかの不明な点が生じた場合には、フィールドノート、記録ビデオ、オリジナルのＩＳ音声記録などの一次資料から、文字化テキスト、マトリクス分析表、そしてサマリーやコード表などの二次資料に至るまで、データの回収と分析で用いた全てのツールを参照しつつ検討しました[76,77]。その際、これらのプロセスを通じて各源泉と**セルフ・エフィカシー**の関係の合理的な裏付けが明確になるよう参加者の言葉で両者の関係がきちんと言語化されているかどうかを確認しました[83]。例えば、上記の例では「体感」や「リズム」というその教師が用いた表現から【ＰＡ】（感情と生理的体）のコードを付与しました。第二に、文字化されたテキストやコーディングに何らかの不明な点がある場合、必要に応じてメール交換や学校訪問により当該箇所の確認や調整が行われました。

コーディングの信頼性を上げるため、私と教育学の博士課程学生の２名でトレーニング後に別々に分析を行い、分析データの約15％を無作為に選択して評定者間信頼性を算出した結果、得られたKappa係数は.909と、高いレベルの合意に至りました。

第３節　結果

第１項　質問紙の結果

まず、項目13から項目16について、日本語選択と生徒発話に対する教師の振り返りのパターンが中学と高校で異なるのかどうかを調べるため、日本語発話が6割以上とした回答者数（上位群）と、5割以下とした回答者数（下位群）の2群に分け、それらと学校種（中学校と高校）との間の2×2の分割表によりフィッシャーの正確確率検定をしたところ、授業内容に関する教師の日本語発話（項目13）の下位群で中学教師の回答者数が高校の教師に比べて統計的に高いという結果でした。しかし、それ以外の項目では校種間の偏りが認められなかったことから、校種間の教師の日本語への振り返りに違いが見られたのは教師の授業内容のみで、授業運営に関する日本語と生徒の日本語に対しての教師の賛意には統計的な違いがありませんでした。

ここでのバイリンガル言語比は、項目13と項目14を合わせた平均として計算され、日：英＝7：3となりました。表15は、教授目標や学習支援機能に対する日英言語別の効力についての教師の賛意の度合いを示しています。各ペア項目（例えば、項目18と25、附録1参照）の平均値を比較したところ、目標（生徒の達成度）に対する「効果」、「必要性」、「意義」の3項目では日英間に差が見られなかったのに対し、「学習内容の理解」と「学習の促進」、「学習の円滑化」のそれぞれでは差が見られ、日本語の方が効力あり、とする教師の賛意が英語より統計的に高いことが示されました。しかし大変興味深いのは、これと反対に、「学習の豊かさ（生徒のタスク参加）」の機能については、教師は日本語よりも英語行使の方に効力があるとしたことです。

表14　質問紙調査における日本語発話割合

項目	日本語発話	中学校		高校		$\chi^2(1)$	オッズ比	p	w
		下位群†	上位群	下位群	上位群				
13	教師（授業内容）	13	46	1	48	7.794	13.325	.003*	.269
14	教師（授業運営）	3	56	2	47	0.000	1.256	1.000	.000
15	生徒（授業内容）	17	42	7	42	2.482	2.409	.103	.152
16	生徒（授業運営）	0	59	2	47	0.722	.000	.204	.082

Note. †日本語割合が6割以上を上位群、5割以下を下位群と分けた、*ボンフェローニ補正適用、Omote（2017）を改編

表15　質問紙（定量）分析の結果

項目番号	効力への賛意	日本語行使		英語行使		$t(214)$	d
		M	SD	M	SD		
18, 25	目標に対する効果	4.56	0.99	4.49	1.06	00.464	0.47
19, 26	目標に対する必要性	4.87	0.84	4.53	1.07	02.610	0.35
20, 27	目標に対する意義	4.69	0.88	4.52	1.05	01.331	0.18
21, 28	学習内容の理解	5.23	0.71	3.72	1.18	11.447**	1.56
22, 29	学習の促進	5.10	0.79	3.67	1.17	10.559**	1.44
23, 30	学習の円滑化	4.81	0.92	3.60	1.29	7.892**	1.08
24, 31	学習の豊かさ（参加）	4.30	1.14	4.74	0.96	−3.102**	0.42

Note. N = 108, $^{**}p < .01$ Bonferroni 法により補正、Omote（2017）を改編

第2項　面接の結果

面接で明らかになったTSEと言語選択の関係を表16に示しました。4つの源泉の種類にかかわらずIS内の2つ以上のコードに共通する機能として「条件付きモチベーション」、「戸惑いの回避」、「代償的な行動」の3つが同定されました。また、英語のみ、または日本語のみに単独の機能は「ISロールモデル」、「認知的道具」の2つでした。以下、TSEの4源泉（ME、VE、SP、PA）毎に、それぞれの**バイリンガリズム**（日英言語選択）に付与された《最終ラベル名》とその機能を詳述していきます。

【ME】は、教師が最も語った源泉でした。しかし、英語と日本語では内容的に異なるTSEの側面が表われています。最終ラベルは、《以前の成功経験》【EN】と《認知的方略の達成》【JP】となり、前者では、成功体験における英語が条件次第で自身のモチベーションを高め、後者では、日本語がいかなるときも無条件で認知的に機能する道具として使える頼もしいツールとして、いずれも成功経験【ME】を源泉とするTSEと関わっていました。例えば、教師Cは、前任校と現任校でいずれも成功体験でTSEを維持していましたが、その中味（質）は異なっています。彼女は、前任校は生徒との良好な関係を通じて英語と日本語を上手く使い分けながら意欲を育て、生徒との絆を深めることでTSEを感じていました（「(今の学校と違って）今までで一番充実していたのは経験4年目から3年間、1年生から3年生まで持ち上げたことです」［教師C］)。しかし、現

表16　面接（定性）分析の結果

源泉	言語選択	《最終ラベル名》と（「抜粋」）	機能
成功経験 ME	英語 EN	《以前の成功経験》（例：「（今の学校と違って）今までで一番充実していたのは経験4年目から3年間、1年生から3年生まで持ち上げたことです」［教師C］）	条件付きモチベーション
	日本語 JP	《認知的方略の達成》（例：「生徒は不明確な外国語に惑わされるよりも、信頼できる母語で納得することを好む。彼らは論理的な説明によって物事を学ぶのが好きなのです」［教師E］）	認知的道具
観察経験 VE	英語 EN	《モデルの観察経験で学ぶスキル》（例：「ALTの助手と一緒に仕事をしていて彼らが使う表現に納得し励まされます。そこは、彼らのおかげです」［教師A］）	ISロールモデル
社会的説得 SP	英語 EN	《生徒のコメントや評価》（例：「少人数クラスの教室だと実質的に英語を皆で話してもいいかなという雰囲気になるんで、そんな特別な条件があれば生徒は喋るんです」［教師D］）	条件付きモチベーション
	日本語 JP	《生徒のコメントや評価》（例：「（私は）普段から日本語を使う優しい先生を敢えてしています。そうすると学生は私や授業に対してリラックスして心を開いてくれるんです」［教師F］）	代償的な行動
	英語非選択 Non-EN	《ネガティブな生徒の反応》（例：「規律を守らせるために英語で注意しようとしましたが全然上手くいかなくて。それからは、生徒指導では日本語を使うようにしています。クラス管理の方が重要なので」［教師A］）	戸惑いの回避

感情と生理的体感 PA	英語 EN	《ポジティブな感情と生理的体感》(例:「ユーモアと笑いで英語だけのクラスを作ることができる…。そう、あのときは本当に笑いが重要な要素でした」[教師D])	条件付きモチベーション
	日本語 JP	《ポジティブな感情と生理的体感》(例:「文法を説明するのにマル・サンカク・シカクという言い方をいつも使います。変な話、僕にとっては安心できる安定したツールです」[教師B])	代償的な行動
	日本語非選択 Non-JP	《緊張感からの解放》(例:「イラっとくるとき、日本語は避けて英語を使うようにしています。日本語だとなんだか学生を侮辱することになりはしないかと不安になるので。実際どうかは分かりませんが…。英語はそんな気持ちを和らげてくれるように思います」[教師F])	戸惑いの回避

Note. Omote (2017)を著者により翻訳(一部改編)

任校では、以前の学校での9割の英語行使から2割の英語行使へと意識的に言語選択方法を変えて達成目標（入試での成功）を支援しており、また、これにより自らの効力感を高く維持していました。一方、教師Eは、以前、米国で日本語教師をしていた自身の経験から、そのときは完全に日本語（つまり目標言語のみ）で教えていた自分と、帰国して英語教師となり母語の日本語が7割で目標言語の英語は3割だけで教えている現在の自分を振り返り、今の自分のIS行動の違いに矛盾を感じるが、易しい英語（目標言語）で教えるよりも、論理的思考や推論など、年齢に見合う日本語（母語）による高次の認知能力を活用することの方が高校生には重要だと考えるようになったのだといいます。この信念により、Eが以前とは異なり目標言語の英語で教えるよりも英語の内容を日本語で理解することの方がより重要だと考えていることがわかります。また、彼は生徒が母語を好むことを優先的に認めており、日本語を高度に駆使した理詰めの学習をすることで自身の効力感も維持しています（「生徒は不明確な外国語に惑わされるよりも、信頼できる母語で納得することを好む。彼らは論理的な説明によって物事を学ぶのが好きなのです」［教師E］）。これに加えて、日本語行使をすることが結果的に入試でも成功するという経験的な理由からもこうした行動になったとも述べています。

【VE】はISとの関係ではあまり語られず、結果は、《モデルの観察経験で学ぶスキル》【EN】のラベルが一つだけでした。ここでは、ネイティブ教師の用いる英語がISロールモデルとして機能し、教師のモチベーションを高めていました。これについて語った教師Aは、ネイティブ助手の英語を自分のクラスでも真似したいと考えていました（「ALTの助手と一緒に仕事をしていて彼らが使う表現に納得し励まされます。そこは彼らのおかげです」［教師A］）。ところが、日本語発話の効力面からは、観察経験についてこれ以外には意識的に語られることがありませんでした。【SP】は、【ME】に次いで教師に語られた源泉で、最も多様な機能を持っていました。また、【ME】や【VE】には見られなかった特徴としては、英語または日本語を選択すること以外にも英語非選択という行動の選択があったことです。そしてまた、これらの選択・非選択行動はどれも、主に授業中の生徒の反応を源泉としていました。付与された最終ラベルは、《生徒のコメントや評価》【EN】、《生徒のコメントや評価》【JP】、《ネガティブな生徒の反応》【Non-EN】の3タイプで、これらの機能はいずれも生徒からのフィードバック経由で教師のモチベーションに繋がっていました。例えば、教師Dは、特別な条件下でモチベーションアップに繋がる教室装飾の重要性という観点から英語の機能を強調しています。彼女は、生徒の学習意欲を高める教室の飾りつけやインテリアを強調することで英語が話し易い教室整備を講じたことが生徒の日本語を控えようとする動機づけや英語を話したいという心理的効果を生み、それが自分の効力感になったのだと言います（「少人数クラスの教室だと実質的に英語を皆で話してもいいかなという雰囲気になるんで、そんな特別な条件があれば生徒は喋るんです」［教師D］）。一方、これとは逆に、教師Fは、非常に高い英語力を持ちながらも自らの英語行使を控え、逆に、日本語を積極的に行使することで生徒との良好な関係を保とうとする、日本語行使による代償的なIS行動のことを説明しています。教師

Fは、他の教師が英語で授業をする中にあって、自身は日本語で学生との一体感を醸成することができ、それにより自らも授業を楽しむことができるのだと言います（「(私は）普段から日本語を使う優しい先生を敢えてしています。そうすると学生は私や授業に対してリラックスして心を開いてくれるんです」［教師F］）。

【SP】の3つ目のタイプは、《ネガティブな生徒の反応》【Non-EN】とラベル化されました。インタビューの多くの教師が英語行使に伴う気まずい思いや不安を緩和する、英語を選択しない（英語非選択）という行動について語っています。このタイプは、英語から日本語へのＩＳの選択的変換を果たすことで戸惑いを回避する緩衝材として機能しています。教師Ａは、生徒の行動管理が必要な場面に英語で話しているとき、生徒が自身の指示に従わないなど気まずい経験を幾度か繰り返しているうちに、授業がスムーズに進まなくなり困惑したと言います。以下にその箇所を引用しておきます。

教師になったばかりの頃はもうどうしたらいいのか途方に暮れていて。英語が通じることもあれば、全く役に立たないこともありました。規律を守らせるために英語で注意しようとしましたが全然上手くいかなくて。それからは、生徒指導では日本語を使うようにしています。クラス管理の方が重要なので［教師Ａ］。

４つ目の源泉、【ＰＡ】の最終ラベルは、《ポジティブな感情と生理的体感》【ＥＮ】、《ポジティブな感情と生理的体感》【ＪＰ】、《緊張感からの解放》【Non-JP】の３つがありました。教師Ｄには英語で授業するならユーモアと笑いが絶対に大事だという信念があり、それが成功したときの感情と体感を、「ユーモアと笑いで英語だけのクラスを作ることができる…。そう、あのときは本当に笑いが重要な要素でした」と語っています。また、教師Ｂは生徒に文法説明をする際に、◯・△・□などの記号を日本語で言い表したユニークな言葉を用いて重要な文法上のポイントを強調するのだと言います（「文法を説明するのにマル・サンカク・シカクという言い方をいつも使います。変な話、僕にとっては安心できる安定したツールです」［教師Ｂ］）。彼の授業を観察したところ、この用語は日本語による文法説明の場面で用いられ、その発話行動そのものが生徒達に指示として直接浸透している様子からＢの手応えとリズム感が生徒の反応と共に醸し出され、それによってＴＳＥの源泉となっているのだということが容易に見て取れました。この言葉使いによる生徒の日々の好反応で自分自身も信頼されていると感じられ、同時に生徒の文法知識も増えていくという自負心もあるようです。

３つ目のタイプの【ＰＡ】は、先に述べた【ＳＰ】の【Non-EN】とは対照的に、日本語非選択【Non-JP】でした。このタイプは、日本語で生じる不快な緊張状態の回避の目的で発話を敢えて英語に交替して安定した感情を回復させるという、感情的な緊張状態を解放するための方略と解釈することができます。そこで、最終ラベルは《緊張感からの解放》としました。先にも述べた通り普段は日本語行使の多い教師Ｆですが、学生のマナーが悪い時にはかえって日本語を使わず英語で注意や苛立ちを表現すると言います（「イラっとくるとき、日本語は避けて英語を使うようにしています。日本語だとなんだか学生を侮辱することになりはしないかと不安になるので。実際どうかはわかりませんが…。英語はそんな気持ちを和らげてくれるように思います」［教師Ｆ］）。

第４節　統合的考察

教師の申告によるバイリンガル言語比を見る限りでは、日本語が校種や個人にかかわらず英語よりも高い割合（７割）を示し、**バイリンガリズム**における主要な選択言語となっていることが窺えます。これは、Kaneko（1992）の調査した日本語（71・８％）や、Liu et al.（2004）の韓国語（68％）の母語の発話割合と同様の結果で、研究１に引き続き、やはり、日本の中高の**インストラクショナル・スピーチ**に言語間の不均衡（母語行使過多）がある可能性を示唆しています[43,90,111,145]。一方、研究２が対象とした教師たちは、英語教師のＴＳＥに関する先行研究でも示されていた、理解促進や学習の円滑化などの母語選択理由17や、英語授業での日本語の認知的、補償的機能[13,21,48]についてはいずれも同意していますが、目標達成とＩＳの関係においては、日本語、あるいは英語のどちらか一方の選択がもう一方の選択よりも効力があると考えてはいない点に注意する必要がありそうです。なぜなら、教師の主要な達成目標が日本語（文法説明や和訳）による英語理解にあるとするのか、それとも、コミュニケーション中心の英語のスキル獲得とするのかといった、学習指導要領の変遷からくる達成目標の違いをめぐってのジレンマ[104,105]があることで、この国内の対立的で複雑な状況（学校の授業方針や教室個別の場面）がＴＳＥとＩＳの関係を複雑なものにしていると考えられるからです[87,88,122,144]。これを裏付けるように、学習の豊かさに関しては英語の方が生徒の参加を促し、学習をより豊かにする効力の感じられる有効な手段[86]だと意識されています。このことから、日英の言語の効力の違いによってＩＳ行動とＴＳＥの関係が固定化されたものにはなりにくく、決して一筋縄ではいかない難しさがあることが窺えます。

他方、面接による定性分析からは、ＴＳＥの４源泉のうち、【ＳＰ】の社会的説得と【ＰＡ】の感情と生理的体感がバイリンガル行動における言語選択の判断に大きく影響しています。これを、第1章の第2節第3項で述べたPfitzner-Eden（2016）の定義を再掲して解釈すると、(1)成功経験、自らの行動で目標達成できているという認識、(2)社会的説得、信頼に足る他人（生徒や他の教師達）との信頼関係から得た次の行動への自信、(3)観察経験、他人の教授行動の観察からのモデル化、(4)感情と生理的体感、感情や体感を通じてできそうだ、あるいはできそうにないとする認知、の４つの源泉チャンネルのうち、インストラクションにおける具体的なＩＳ行動とＴＳＥの関わりが深かったのが(2)と(4)の２つであったことから、目標達成や成功経験経由でＴＳＥを感知するよりも、生徒からの具体的フィードバックを通じて、あるいは教室での実際の感情と体感を通じてＴＳ

Eをより感知し易く、そうした変動が教授時の**バイリンガリズム**へ直接的影響を与えているのではないかと考えられます。この結果は、第1章の第2節第4項で紹介した米国のTschannen-Moran & Woolfolk Hoy（2001,2007）の成功体験を最大の源泉チャンネルとする結果とは異なっていますが、これはむしろ教室におけるTSEの変動というよりも、日本の学校に内在する達成目標自体の矛盾、言い換えれば、入試や和訳重視なのかコミュニケーションスキル重視なのかという達成目標の根本的な違いを前にした教師の葛藤的状況の現れだと考えると説明がつきます。すなわち、学校の方針（入試）や伝統的教授法（和訳）があるために、実質的インストラクションにおける個々の教師は、スキル重視の成功経験（ME）をTSE源泉のチャンネルとし辛い状況にあるのではないかという解釈です。欧米の源泉パターンと異なるこの点が、日本独特のものなのか、それとも単一言語社会の東アジア圏に共通するのかまではここではわかりませんが、この成功経験をとりあえず除いたとしても、本書が対象とする日本人英語教師の社会的・生理的な源泉（SPとPA）がインストラクション時の母語（日本語）を介して大きくTSEに変動をもたらしていることは否定できないようです。

以上の点を踏まえ、教師の語りから特徴的に現れた【SP】の【Non-EN】と【PA】の【Non-JP】における日英非選択行動のメカニズムをさらに詳細に考察します。日本語と英語で構成されるIS行動は、教室での生徒との関係性や自分が感知する感情・体感を通じてTSEの揺れ幅を①大きく（亢進）させるように働いたり、反対に、②小さくさせるよう（抑制的に）働いたりすることがあると仮定します。①については、日本語行使あるいは英語行使をする中で学習者のモチベーション低下を経験したとき、例えば、生徒が日本語ばかりでつまらないと感じたり、英語が理解できないと諦めてしまったりする場合、教師は選択中の言語による発話を控える（非選択）ことで排他的にもう一方の言語を用います。これは、戸惑いの回避にあたります。また、②については、バイリンガル行動として成功しているインストラクションであればＩＳが日本語であるか英語であるかに関わりなく、それはＴＳＥの大きな変動（例えばプラスからマイナスへの減衰）を抑える効果があります。そのようなインストラクションは、モチベーションを向上させ、日英のバランスも良く、ひいてはＴＳＥを安定的に維持する機能があります。

このように、教師における⑴モチベーションの向上と⑵戸惑いの回避というＴＳＥをめぐるＩＳの２つの機能で行動原理を説明することができます。ただし重要なのは、言語によってその働きがそれぞれに異なっていることです。英語の働きが条件的・限定的であるのに対して日本語（母語）のそれは無条件である点に注意が要ります。英語は、教師Ｃの生徒との絆による充実感、教師Ｄの装飾された英語教室、教師Ｆの緊張感からくる日本語非選択（結果的な英語選択）などに示されたように、ある特定の条件下でのみ自身のモチベーション向上を経由してＴＳＥの変動を抑制し、持続するように働いています（条件付き動機づけ）。ところが、日本語の方は、これらの英語行使を支える条件が上手く揃わないときや、英語では社会的・認知的な問題があるとき、すなわち、意思疎通や理解が進まないときなどに、これを緩和させる日本語の認知支援的・代償的な働き[29,66]が頼りになります。日本語のそうした、ある意味万能的な働きが無条件の動機づけの役割を演じるが故に、いつでも役に立つという感覚を生んだり、Yonesaka（2005）が述べた「回帰的」に日本語へ戻る現象を生んだりするのです[145]（後述の図5参照）。インタビューに答えた教師達は総じて、気まずい経験を克服できる、あるいは戸惑いを回避して心理的な安心や快感情を得ることのできる日本語行使の効力を認めていました。例えば、クラス運営管理のための英語非選択／日本語行使（教師A）や、安心ツールとしての日本語行使（教師B）にそうした心理が現れていたと言えます。そして、こうした日本語（母語）の、効力感維持のための緩衝的な機能が多くの日本人教師に認知され、結果的に日本語のIS行動（日本語選択）が増えていると解釈することができます。またこれとは反対に、日本語非選択の例（教師F）に見られたような行動は、バイリンガル行動をとる教師が母語に過度に依存しないためのIS行動上の内省的判断だとみなすことができ、母語非選択／英語行使という教授方略は、Turnbull（2001）の言う母語依存回避のための「賢明な母語行使」へ向けた課題解決への有効なヒントを提供しています[129]。

以上の議論を経て、最後に、上記のISとTSEの関係における、2つの源泉チャンネル（SPとPA経由）と2つの機能（モチベーションの向上と、戸惑いの回避）に注目して、定量と定性の2つの分析結果を統合し考察したいと思います。

英語と日本語のそれぞれの機能に注目すると、まず、様々なインストラクションの場面で2言語の役割の違いから英語が上手く機能する条件とそうでない条件がありました。英語が機能しない場合にはＴＳＥが梃子となって日本語の認知的、あるいは代償的な機能を働かせようと日本語選択行動が取られます。ＴＳＥは教室内の社会認知的な状況を背景として作用しますから、母語を単一の社会的言語とする日本や韓国などの国では、バイリンガル言語比は母語行使優勢となる傾向が強まります。しかしながら、既に見てきたように、日本語への過度の依存は**バイリンガリズム**のジレンマを生み、英語行使との間で葛藤が生じます。日本語行使は言わば諸刃の剣であり、Turnbull（2001）が言うように母語をいかに「賢く」使うかという問いは日本でも英語教師の**バイリンガリズム**の中心的課題としてあります。例えば、教師Ｆの事例のように日本語がＴＳＥにネガティブに働く場面では、ＴＳＥの変動の減衰と亢進が起こるかもしれません。このようなことから、日英互いの機能が協働的に働くことで変動（亢進と減衰の揺れ）を抑制し、言語が交替してもＴＳＥが作用軸として最適に働き、やり甲斐が感じられるような好循環のダイナミズムを持つＩＳのバイリンガルモデルを想定することができます。図５の概念図は、インストラクションにおけるＩＳとＴＳＥのこうした動的関係を図式化したＩＳ行動（母語行使と外国語行使）の最適化モデルです。これは、第１章で述べた、英語行使から「回帰的に」日本語行使へ戻るという信念モデルを提案したShimura（2007）やYonesaka（2005）の行動原理と比べると、ＴＳＥを軸としてさらに一般化を図ったものとなっています。またこのモデルは、上述した日本語と英語の機能的な違い（効力感を維持する緩衝的機能）によって言語比が日本語の方へと傾いた結果、日本語行使過多を招いている という点も同時に説明していますから、今日の日本人英語教師のＩＳ行動の特徴をより包括的に表すバイリンガルモデルとなっています。

もう一度、図5を見て下さい。この図は、一般的な日本の教室における**バイリンガリズム**をISとTSEの関係から模式的に表しています。ここでは、TSE（黒の網掛け）の中にある社会的説得（SP）、成功経験（ME）、感情と生理的体感（PA）、観察経験（VE）の4つの源泉から出た大きな2つの矢印がIS（白枠）へ与える影響の左右の向きと大きさによって母語か外国語かという選択とその影響の大きさを変化させたり、あるいはこれと反対に、教室内の生徒の反応からTSEへのフィードバック（図中の点線矢印）がなされたりする様子を示しています。両側の2つの白枠が教師のIS行動を表し、英語と日本語の選択的ダイナミクス次第で、黒の網掛け部分のTSEの変動が抑制されて言語比のバランスが様々に変化することもあれば、別の文脈においては、TSEの亢進や減衰から変動が肥大化してIS行動が逆に不均衡（母語過多、あるいは外国語過多）となるといった**バイリンガリズム**の動的な概念をモデル化しています。例えば、言語バランスが良好な場合、TSEの変動は抑えられて安定し、バランスが不均衡な場合にはTSEの亢進や減衰で変動が激しく不安定になります。なお、図5中の言語比、7：3は、研究2の質問紙調査でこの動的均衡が7：3付近にあったことを表します。

本章の考察を経て、ある一つのインストラクションにおけるIS行動とTSEの関係を示す動的モデルを提示することができました。しかしながら、TSEには、目の前の学習者の習得の度合いや教師の熟練の度合いの変化、さらには異動による突然の教室環境の違いなど、短期のインス

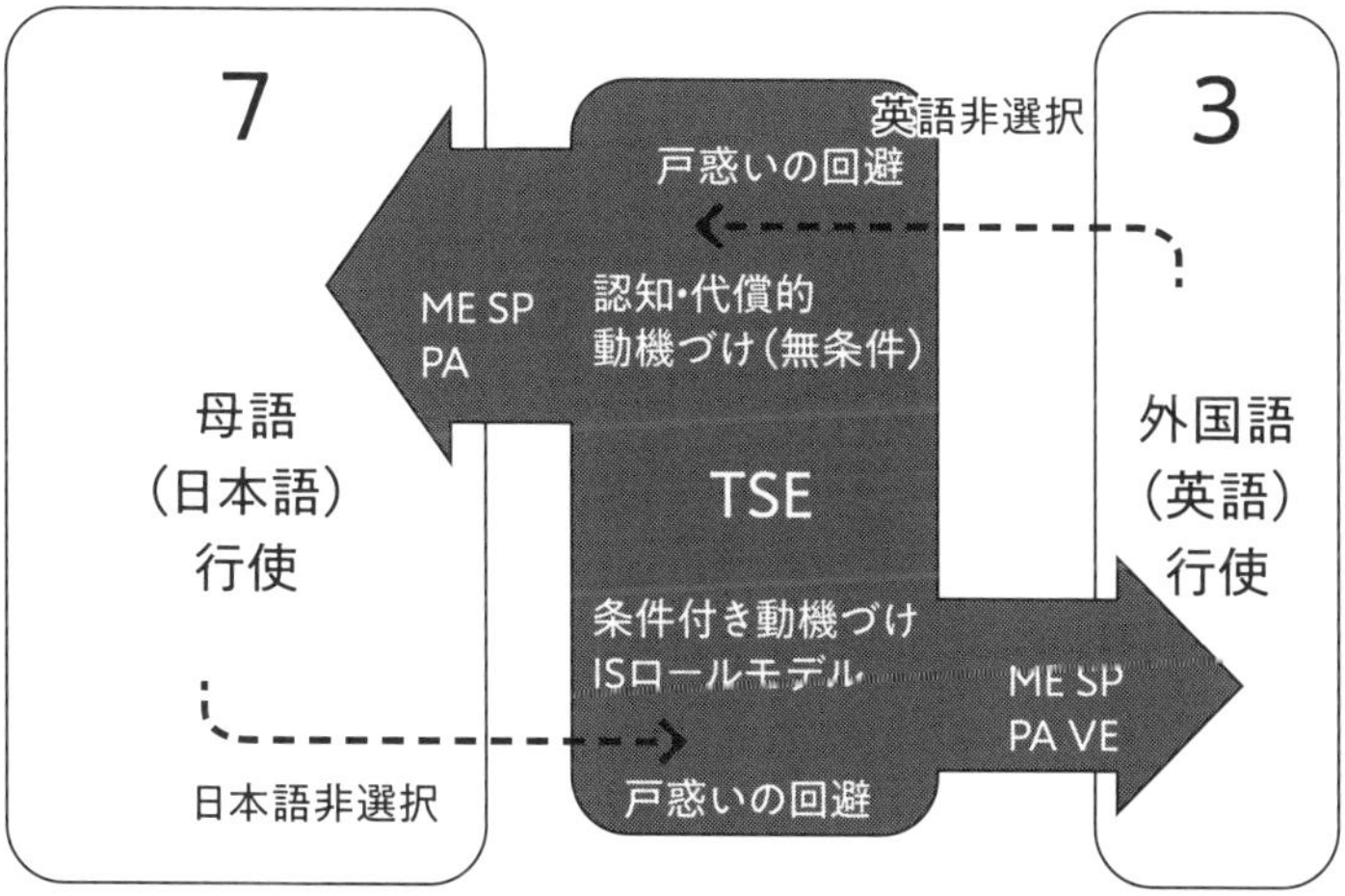

Note. Omote (2017)を著者により翻訳（一部改編）

図5　ISとTSEの関係

トラクションを超えてさらに変動し続ける性質や、また、時間的要因以外にも、対処すべき学習者からの様々なフィードバックによっての変動など、比較的中長期的な時間軸や状況の変化に伴って変動していくという基本的な性質もあります[8,126]。したがって、このモデルは日本語から英語、英語から日本語へといった言語的交替の長期的な影響や多様な生徒の状況への適応を可能とするプロセス、すなわち、教師の熟練への道筋を説明するにはなお不十分だと言えます。言い換えれば、研究２[91]では、時間的・状況的なＩＳとＴＳＥの変化の諸相を十分に捉えることができていません。そこで、以下の研究３[95]では、教師の長期的な熟練の道筋がどうなっているのかといった観点からＩＳ行動とＴＳＥの関係をより詳細に見ていくこととします。

第5章

ISとTSEの関係は経験年数の違いでどう変わるのか？――研究3

第1節　なぜ今、日本語なのか

さて、皆さんと共に、研究1[94]と研究2[91]の紹介を通じて、学習指導要領（教授目標）の変遷と共に、和訳中心の教え方がコミュニカティブな教え方へと変わったことを背景として、心理的葛藤を感じつつTSEを判断の軸として教室や生徒の状況に応じた適切なインストラクションを果たそうとする日本人英語教師のバイリンガル行動について見てきました。しかし、これらの研究では、第1章で述べた教授行動における適応性や熟練については検討できていません。そこで本章では、第2章で掲げた【問3】「日本人英語教師のIS行動とTSEの関係性は、熟練の度合い（経験）でどのように異なるのか」を明らかにすることを目指します。

まず、教師の熟練とは何かを最初に整理しておきます。本書における教師の熟練とは、第1章での議論を踏まえて「教師が教授目標の達成に向け、生徒の反応に合わせてより適応的に行動できるようになること」としました。また、ここでは英語教師のIS行動に焦点をあてていることから、昨今、重要視されているスキル目標の達成（中でもオーラルスキルの達成）を図る際に必要な英語行使の拡充と日本語行使の低減を、目の前の生徒の状況に合わせて自らのインストラクションでも適切に実行できるようになることを英語教師の熟練とみなすことにします。よりわかり易く述べるなら、日本人バイリンガル教師として英語で上手く授業ができ、同時に日本語も必要に応じて補助的に使えるようになることを**バイリンガリズム**の熟練の根幹においています。そして、その上で、教職経験年数の異なる教師が持つ固有の経験とそれにより感知するＴＳＥやその変動が、個別の教師の、プロとしての**バイリンガリズム**の熟練にどう関わっているのか、という点からＩＳ行動の実態を捉えつつ熟練とＴＳＥの関係を検討します。

そこで、研究３[95]では、まず、ＩＳと熟練の関係を仮想タイムライン（ＴＳＥの観点からみた**バイリンガリズム**向上の道筋）上に仮定します。ここでは、第1章で述べた先行研究の知見を踏まえて以下のように設定することとしました。それは、若手から中堅、そして熟練へと至るＴＳＥの機能的な推移を仮定したもので、ＴＳＥの変動を感じ易いとされる駆け出しの英語教師[20,34]が、生徒の反応や学校方針から失敗や成功を重ねながら[118]、中堅、ベテランとなるにしたがって、ＴＳＥの変動を抑制してより適応的で、また、バランスの良いＩＳ行動をとることが可能な、熟練した職業バイリンガルとしての専門的発達[34,62,63,83]を遂げるのではないかというストーリー（仮説）です。

ところで、前章でも述べたように、外国語教師の信念と実践を調べたRichards & Rockhart(1996)によれば、教師は、教室の様々な文脈（入試や学校方針、生徒とのコミュニケーションなど）における教授経験からの振り返りを経て専門性を高めているといいます。そこで、英語教師もＩＳ行動を振り返る契機を得ることが職業的**バイリンガリズム**の向上に繋がるのではないかと思われます[66]。

さて、ＩＳ行動のうち、なぜ日本語に着眼しなければならないのかという本節の主題について、外国語教育における母語とは何か?という切り口から、この問題を再度ここで押さえておこうと思います。これまでも述べてきた通り、伝統的な日本人英語教師は、外国語の英語を日本語でどう語り、如何に上手く説明するのかという動機や視点を共有する中で、そこに関連した文法説明や入試対策を熟練と関係づけてきました[39,41,53,44,45,86,106,108]。ところが、この国の英語教育には、教授や学習のための英語の使い方（教授英語）に関する研究が豊富にあるのに比べ、介入言語として土台で英語教育を支えている母語の日本語（教授日本語）を扱った研究がほとんど存在しません。これまで見てきた日本人教師の職業的**バイリンガリズム**の研究状況を踏まえたとき、ＩＳ行動の半分以上（例えば、研究１・２の言語比では７割）を占めている日本語が、理解補助や動機づけの面で目標達成のための非常に重要な学習支援的ツールであるのにもかかわらず、日本人教師の職業的**バイリンガリズム**という解釈はおろか、教師の日本語行使が英語教育の専門性を正統に担う要素であるとする考え方すらほとんど無かったと思われます。外国語教育全般を見渡したとき、**バイリンガリズム**における外国人を対象とした日本語教育における介入母語の問題には一定の蓄積と発展がありますが、日本の英語教育、中でもこの国のＩＳ研究における介入母語（日本語）を課題とした文献は決して多くありません。私は国内のある大学院の外国語教育学研究科に数年所属していましたが、そこでも、研究者や教師自身の間で日本語行使が英語教育における研究や実践の対象であるとする研究者間の課題意識や共通認識はほとんど見られませんでした。「英語を基本」とする国の方針（文部科学省、２０１７）が逆説的に投げかける、教授日本語をどのように削減し洗練すべきであるのかという課題[81,97]は、専門家の研究対象としても特段に認識されていなかったのです（注［1］）。私は、こうしたことの一つの原因として、インストラクションにおける教師にとっての母語（日本語）行使という現象が暗黙の前提（了解事項）になっており、あまりにも当たり前の社会的事実として話題になることも少なく、それ故に、十分に振り返られなかったことにあるのではと考えています。そこで、最後の研究3では、教師の母語行使とその理由を意識的に振り返ってもらう中で個々の事例におけるＩＳ行動をさらに深く掘り下げ、そこにどのような前提となる信念（行動原理）（次節にて詳述）があるのかを客観的に明らかにしていきたいと思います。

研究1と2で明らかになったように、近年、文部科学省の口頭スキル中心の教授目標は、徐々に現場の高校や中学に浸透していると思われます。伝統的に和訳での英語理解に効果を発揮してきた日本語行使だけでは、今の目標が十分には達成できないと考える中高の教師は決して少なくありません。研究2では英語でインストラクションしていくこと（英語で行動すること）が多くの教師にとって「豊かな」授業だと認識されていることもわかりました。加えて、近年、生成ＡＩが瞬時に

注［1］ここでの議論は、今日の日本人英語教師を対象とした日本の「英語教育」についてのもので「第2言語教育」との関連を想定しているわけではありません。２００９年以降の日本の英語教育政策は、外国語教育という名目のまま学習指導要領によって「授業は英語を基本」とするという教育方法の改変がなされました。これが様々な疑問と矛盾を孕み、言語教育政策上の議論や国語教育と関連した話題を呼んでいますが本書のスコープ外としてここでは触れません。

翻訳をしてくれたり、まるで会話をするかのように文法や意味を教えてくれたりする新しい学習環境を学校にもたらしています。そうした状況下、文法やルールについてはＡＩに任せ、自らが英語で創造的に行動する中でもっと意味のある授業を展開したいと考える教師が増えてきても不思議ではありません。２０２３年を皮切りに、生成ＡＩは世界中で教育現場に影響を与え続けており、この傾向はいよいよ増していきます。私は、現在はこのテーマで研究を続けており、その成果を近くまた発表する機会があると考えています。

　話を母語へと戻します。日本人教師はプロとして母語の日本語へもっと注意を傾けるべきだと思います。そのためには、第1章でも述べた、欧米やアジア諸国のＩＳ研究で重要課題となっている、母語は英語（目標言語）行使に対して「諸刃の剣」（補助にも障害にもなる介入言語）として働くという課題認識[131]を日本人英語教師と研究者の間で、今後、もっと共有していくことが必要だと思われます。これにより、母語行使による授業管理や生徒との人間関係の維持に留意しつつも、少なくとも教師のみならず学習者も母語への過大依存を避けられるようになるからです[129,130]。またその一方で、「オール・イングリッシュ」と呼ばれる授業の風潮に典型的に見られたように、母語を授業から完全に排除するような英語行使への固執は、教師にとって不可能かつ非現実的だと捉えられてきたことも事実です[49,50,122,124]。こうした背景から、母語の補償的側面と障害的側面という、相反する結果を同時にもたらすとしている先行研究の重要な指摘（警告）[129,130]を考えることで、入試やコミュニケーションなどの国内の社会的要因とも絡み合って日本人英語教師の信念と行動を否応無く乖離させ、ついには教師の葛藤を引き起こしている母語のリアルな二面性に目を向けることができます[38, 53, 86, 88, 104, 105]。英語教師の熟練を考える上で一つの言語に極端に偏った発話行使は避けるべきです。目の前の生徒との人間関係や教室の状況などを勘案しつつ、2言語をバランス良くどう行使すべきか、言い換えれば、「母語を含むIS行動の最適化」が、教師が仕事を続けていく上で重要な今日的課題であることは間違いありません[22, 90, 70]。

第2節　実践的対話のアプローチ

ところで、IS行動やその熟練とTSEとの関係を包括的に探るには、前節で述べた通り、ISの表出（日本語か英語かの選択判断）の前提となる教師の行動原理を十全に捉える必要があります。しかし、第1章で述べた西野（2011）の例に見られたように、教師の自覚的な認識や信条と、その行動原理とは必ずしも一致していません[66, 86]。そのために、教師の信念と実践は乖離（あるいは矛盾）していることに注意が必要です。例えば、ISのうち、特に日本語行使については形式的繰り返し行動として無意識のうちに行使され、脳内で自動化されていることが考えられますから、教師の振り返りや注意があまり向けられないまま、先にも述べたように暗黙の前提となっています。したがって、教師の行動原理をできる限り捉えるためには、その行動を導いている教師の暗黙の前提を面接や対話を通じて顕在化させる、定性的な分析手法が一つの有効な手段になります。

このような教師の暗黙知（隠れた前提的了解）を引き出すアプローチの一つにFenstermacherの「実践的対話（practical arguments）」の理論があります[116]。米国の教育哲学者G. D. Fenstermacher（1994）は、教師の専門性開発の立場から、行動や教授方略に付随する無意識の知識（これは心理学用語では「手続き的知識」と呼ばれます）に注目し、教育を熟知した行動観察者がその教師と実践的対話（「実践的討論」と訳す研究者もいます）を行うことでその教師の行動原理となる隠れた前提や知識の導出が可能だとし、その前提を、⑴ある価値観を目標とする「価値的前提」、⑵何らかの理論的根拠やルール・方針に基づく「規定的前提」、⑶自らの経験からくる「経験的前提」、⑷身を置いた状況への現実的対応からくる「状況的前提」の4つにまとめました[35]。例えば、学習者重視の価値を持ち生徒とのコミュニケーションが大切だとする教師は価値的前提、学校方針やルール、あるいは同学年にいる同僚教師との協調的な授業運営を重視する教師は、それぞれ規定的前提と状況的前提を暗黙的に持っています。なお、Fenstermacherによれば、実践的対話は観察者との対話により教師の隠れた前提や推論を記述する「導出」の局面と、そこで導き出された新たな自覚から教師がそれまでに保持していた前提や推論を修正・改善する「再構築」の2局面から成っていますが[35, 116]、本書では習慣的なＩＳ行動の原理を捉えることを目的としていますから「導出」のみを扱うこととします。

以上のことから、教職経験年数の異なる複数の事例を対象に研究者と教師が教授経験についての実践的対話を行うことで、各事例のＩＳ行動とその前提的了解との間にある固有の関係がＴＳＥとどう結びついているか、そしてそれらが熟練の過程によってどのように異なるのかといった点を明らかにすることができます。さらに、ＩＳにおける日本語削減や実質的な英語拡大への糸口を見いだせれば、今日の日本人英語教師が抱えるジレンマ解消への糸口ともなり、**バイリンガリズム**における専門的熟練過程の解明に向けた新たな知見を提供することが可能になります。

第３節　目的

研究３では、第２章で掲げた【問３】（「日本人英語教師のＩＳ行動とＴＳＥの関係性は、熟練の度合い（経験）でどのように異なるのか」）の解明に向け、教職経験年数の異なる英語教師を対象として、日本語行使と英語行使の現況を個々の教師の事例の中に探ります。具体的には、ＩＳデータの定量分析と実践的対話による定性分析とを統合する混合法[25, 26]を用いて、各教師のＩＳ行動及びその行動原理（暗黙の前提含む）とＴＳＥとの関係を仮想タイムライン上にある教職経験年数の違いに焦点をあてて検討することで、日本人英語教師のバイリンガリズムにおける、ＩＳ行動の専門的熟練の過程[19, 74]を捉えることを試みます。

表17　参加者と対象授業の概要

教師	性別	経験年数	TOEIC得点	調査対象授業			
				学年	活動	人数	授業回
A	女	3	750	高2	ドリル演習	31	9
B	男	10	850	高1	ペアワーク	39	9
C	女	24	750	中3	リスニング・音読活動	25	5

第4節　方法

第1項　参加者と対象授業

　研究3は、研究1、研究2と同様、中学校と高校の2つの教授（学習）段階を一つのカテゴリ変数として扱います。参加者は、日本人英語教師3名（概要を表17に示します）で、全員、私の所属大学の倫理委員会を経た研究趣意書に同意して研究に参加しました。母語は3名とも日本語で、学校教育は日本で受け、3年以上の海外滞在経験は無く、専修免許（外国語［英語］）を持っていました。勤務校の英語力はいずれも地域の平均的水準で、調査対象授業は高校が読解（1単元9回）、中学が総合英語（1単元5回）でした。授業観察によると、いずれも生徒との人間関係は良好で、4技能（スキル）を重視した授業を展開する点で偏りは見られませんでした。なお、研究3は、Tschannen-Moran & Woolfolk Hoy（2001）をはじめとする先行研究[63,83,125]に基づいて、経験年数を重要なカテゴリ変数としてTSEの関係を探ることから、活動内容の詳細や教師の授業スタイルなどのこれ以外の個人差については誤差として捉えています。これについては第6章で残された課題として述べます。

第2項　手続き

1．調査デザイン

教師の熟練を探るにあたり、研究2に引き続き、第2章第2節で述べた、量的・質的に異なる2種類のデータを相互補完的に統合する混合法デザインを採用しました（図3）[25,26]。まず、定量分析では、学校や経験がそれぞれ異なる複数の教師のＩＳを一様な方法で回収し、それぞれの教師経験年数に応じて、各時点での教室の文脈や個人的状況を反映したＩＳ行動とそのパターンを探ります。また、定性分析では、教授前提となる行動原理[35]を、定量分析と同様に、各時点（経験年数）のクロスセクションで比較します。これにより、内容妥当性が高く、一般化可能性を担保することが可能な専門的熟練過程をこれまでの研究の知見とも合わせつつ探索的に捉えます。定量データは、研究1のデータと同じものですが、今回は、教師Ａ、教師Ｂ、教師Ｃの個人のデータ毎にＩＳの計量化を経た上で、それぞれのバイリンガル言語比とインストラクショナル機能比を算出しています（ＩＳ計量化④）。一方、定性データは、発話回収直後に並行して実施された各教師と行動観察者（著者）との実践的対話[35,116]を通して回収し、統計的一般化では取得できないＩＳ行動における隠れた前提（暗黙の了解事項を含む行動原理）とＴＳＥの関係性を探りました（面接法⑤）。観察・面接からデータの収集・分析に至るまでの全工程は、箕浦（1999）に基づいてデザインされました[76]。なお、定量分析の詳細については、研究1の調査3と重複していますので省略します。

2．ＩＳ行動の定性分析

収録完了後、各教師の勤務校の静かな部屋で対話が行なわれました。これは、ＴＳＥを定性的に調べたMorris & Usher（2011）の**セルフ・エフィカシー**4源泉の質問項目（問①～④）に面接全体の振り返り項目（問⑤）を加えて改編した対話プロトコル（表18）を用いて、半構造化法で行われました。また、問⑤は、実践的対話の「導出」（隠れた前提に関する自覚的な言及）を行うために加えています。なお、対話は①から⑤のそれぞれの問を発端として文脈により比較的オープンに展開したので、必ずしも教師の語りが各問に直結したものとはなっていない場合もあります。

ＩＳ行動とＴＳＥの関係を検討するために、対話記録（計6時間11分）の書き起こしから教師の語り（計184個）を抜き出したのち、箕浦（2009）に基づいて次のような手順でコーディングを行いました。それらは、⑴問①から問⑤に基づくオープンコーディング（76個）、⑵オープンコードに現れた対話中の鍵概念を軸とする2次コーディング（2次ラベル：41個）、ならびに、それらとＴＳＥとの関係を表すためのＴＳＥの正負符号付け（効力有り［＋］／無し［－］）、⑶2次ラベルを包括する、さらに抽象度の高い概念ラベルの生成（軸足ラベル：12個）、⑷各教師のＩＳ行動の原理を記述する最終ラベルの生成、の4段階です。これらを同定するにあたっては定性データ分

表18　対話プロトコル

問	あなたの発話と効力感について聞きます	4源泉
①	生徒との人間関係があなたの効力感や充実感にどのように関係していましたか	社会的説得
②	授業の目標達成という観点からあなたの効力感や充実感はどのように関係していましたか	成功経験
③	教え方の手本やモデルになる人はいましたか。その場合、そのモデルとあなたの効力感や充実感の関係はどうでしたか。	観察経験
④	あなたの体感や感情が効力感や充実感に関係していましたか。	感情と生理的体感
⑤	この面接を振り返って新たに自覚したことはありますか。	－

Note. Morris & Usher (2011)を改編

析ソフトATLAS. ti 9を用いました。なお、

⑵ ３における２次コーディングでは、教師の実際の語りに現れた表現を生かしつつ、文脈を補ったり一義的なラベルとしたりするために適宜語句の追加や変更を加えて２次ラベルを確定しました。また、ＴＳＥの正負判断は、第１章第４節で述べた木村（2010）に示され、研究２（第４章）でも検討した生徒との関わりに基づく教師の快感情（木村の言う「心的報酬の即時的獲得」）を判断基準とし、快感情が生起していたとみなせる場合を効力有りとして［＋］を付与しました。なお、この場合の［－］は、数値的な負価を持つわけではなく、あくまでも「効力感無し」、すなわち、快感情の生起が見られないと判断したことを表しています。さらに、２次ラベルごとに前述のFenstermacher（1994）による４

表19　各教師のバイリンガル言語比

教師	日本語ロット数（%）	英語ロット数（%）
A	843（70）△	362（30）▼
B	694（69）△	314（31）▼
C	540（58）▼	395（42）△

Note. △有意に多い、▼有意に少ない（$p < .01$）。$\chi^2(2) = 40.38, p < .01$, Choen's $w = .11$　繰り返しの検定による過誤を是正するためにp値はBonferroni法で補正（以下の表のp値も同様）

つの前提【価値】【規定】【経験】【状況】（以後、前提を【】で表示）のどれと結びついていたのかが同定されました（表22参照）。

分析プロセスについては、著者による2度の分析（定量分析と同じく4ヶ月間隔）の後、別の分析者（教育心理学博士号を持つ大学教授）によるコーディング妥当性の検証作業と修正協議、最後に参加者である教師3名の確認を経て確定されました。

表20　各教師のインストラクショナル機能比

目標	ロット数（%）		
	教師A	教師B	教師C
CG	607　(50)	604　(60)△	436　(47)▼
FG	324　(27)▼	308　(30)	319　(34)△
SG	274　(23)△	96　(10)▼	180　(19)
計	1205 (100)	1008 (100)	935 (100)

Note. △有意に多い、▼有意に少ない（p < .01）。$\chi^2(4) = 84.23, p < .01$, Choen's w = .16

第５節　結果

第１項　定量分析結果

　表19がバイリンガル言語比の結果です。カイ二乗検定の結果、教師と言語比との間には関連性が見られ、教師Ａ・Ｂで日本語行使が多く英語行使が少ない結果が現れました。教師Ｃでは A・Ｂに比べると日本語行使が少なく英語行使が多くなっていました。

　表20は、３目標に基づくインストラクショナル機能比の結果です。同様の検定を行ったところ、やはり関連が見られ、教師Ａの発話ではＦＧが少なくＳＧが多い、教師ＢではＣＧが多くＳＧが少ない、教師ＣではＣＧが少なくＦＧが多いという結果でした。

　最後に、教職経験年数による言語比と機能比との関連性を分析しました。ここではさらに詳細な発話機能について検討するため、研究１と同様に、表11に示した３区分の詳細項目を対象

表21　言語比と機能（詳細項目）比との関連

機能コード	詳細項目	ロット数					
		教師A		教師B		教師C	
		日	英	日	英	日	英
C1	意味・読み・発音	273	103▼	238	165△	81▼	225△
C2	文法、解説	155△	26	72	15▼	3▼	9▼
C3・4	対比・タスク説明	38▼	12▼	89△	25	68△	50△
F5	指示・指名	85▼	124△	134	80	191△	69▼
F6・7	確認・評価	58	19	50	21	34	15▼
F8	連絡	35△	3	23△	0▼	8	2▼
S9	相槌・フィラー	26△	9	5▼	1▼	2▼	0▼
S10	注意・励まし・声掛け	122△	43	66▼	3▼	134△	21▼
S11・12	挨拶・冗談	51△	23△	17▼	4▼	19	4▼
計%		70	30	69	31	58	42

Note. △有意に多い、▼有意に少ない（p < .05）。χ^2(40) = 732.39, p < .01, Choen's w = .48。Fisherの正確確率検定でもχ^2検定と同様の結果

としました。検定の結果、関連が認められました（表21）。各教師の特徴を見ると、教師ＡではＣ1での英語行使が少ないのに対してＣ2での日本語行使が多く、Ｃ3・4は発話自体が少ないという結果でした。また、Ｆ5では英語行使が多く、表20の機能比での割合が高かったＳＧについては全般的に日本語を多く行使していることも示されました。教師Ｂは、ＣＧの分析結果に関して相対的に教師Ａよりも教師Ｃに近い傾向にあり、またＳＧでは全項目にわたり日英問わず発話が少ないという結果でした。教師Ｃでは、Ｃ1での英語行使が多い、日英問わずＣ2の発話が少なくＣ3・4は多い、Ｆ5で日本語行使が多く、英語行使が少ないなどの点で教師Ａとは対照的です。

第２項　定性分析結果

表23が定性分析の結果です。実践的対話の逐語記録の一部は、附録３に掲載してありますので参考にして下さい。２次ラベルは教師Ａで14個、Ｂで13個、Ｃで14個となり、それらに対するＴＳＥ正負符号の内訳（Ａ［＋７、－７］、Ｂ［＋８、－５］、Ｃ［＋13、－１］）から判断すると、教師Ｃが他の２人に比べて効力感を持つ場面に関する語りを多く持っていたことが窺えます。以下、ラベル（２次、軸足）、ＴＳＥ（正負、４源泉）、４前提、対話後の振り返り等の関係性を統合して最終ラベルに至ったプロセスを教師別に詳述します。

教師Ａでは、４源泉のうち「①社会的説得」に関する２次ラベルが多く生成され、これと連動して生徒の動機づけと理解、生徒との人間関係を大事にしようとする【価値［＋４、－１］】の前提が多く見られました。そして、そのために母語がどうしても必要だとする信念が窺われ、達成目標（入試やコミュニケーション）と英語行使の難しさからくる葛藤が生じていました。これらは、「動機づけと理解」「人間関係」「母語優位」「各種制約からの葛藤」の４つの軸足ラベルとなりました。ＴＳＥ正負と前提の関連では、親近感や対等意識などの、生徒との関係構築が上手くいったときの快感情（ＴＳＥ［＋］）がある一方で、関係の悪影響（「授業では逆効果」）や英語行使の限界点（「結局日本語を使った」）からくる負の【状況［－３］】や【経験［－１］】があり、さらに「生徒に対して１００％英語で授業することはやはり無理」と負の自己規定的な前提（【規定

［－1］】）もありました。「⑤対話後の振り返り」では、「英語のメリットがまだ日本語のそれに及んでいない」（表22右の抜粋）と自覚的に語り、以上のことから、最終ラベルは、《人間関係を構築したいし英語理解の楽しさを引き出したいと思うと、どうしても母語重視に偏ってしまう》となりました（附録3参照）。

次に、教師Bは「②成功経験」の語りが多く、それと連動して、学校方針の達成や生徒への躾などの職責、入試ベースのスキル活動（生徒同士のペアによる会話活動など）や、時間的制約の中での最大限の工夫などの【規定［＋5］】も得ていました。しかし、入試への工夫はするものの、以前の学校でやっていた、理想により近くて楽しい授業計画やディベート活動などの成功経験に比べると、現任校での計画の不十分さと活動の難しさを感じており、時間的・精神的余裕が無く【状況［＋1、－4］】、時には無力感に陥る【経験［＋1、－1］】などのTSEをめぐる緊張が全般に見られました。これらは、「職責の全う」「入試優先」「最大限の工夫」「時間的・精神的余裕のなさ」の軸足ラベルとなっています。また、「⑤対話後の振り返り」でも、こうした張り詰めた自身の状況から、もっと理想に近い形で出来ていた以前のようには「英語の楽しみを見出せていない」と語り、そこで快感情が自覚されることはありませんでした。以上のことから、最終ラベルは《学校方針と自由な学びの間で緊張した自分を感じる。引っ張り過ぎだとわかり、もう少し計画的に余裕を持ってやりたい》となりました。

最後に、教師Cでは、「①社会的説得」と「⑤対話後の振り返り」からの言及がそれぞれ4つ、残りが２つずつとなる２次ラベルが生成されました。そこでは、教師には指導する役目があるが、それと同時に、生徒同士で学び、考えさせるためには教師側の心の余裕も重要だとする考えや、そこから生徒への感覚が研ぎ澄まされたり、時には予想以上の反応に感動したりした体験など、Ｃの長年の【経験［＋６］】を踏まえた行動原理が現出し、軸足ラベルは、「教師の役目」「発見と喜び」「考える力の育成」「生徒への期待」の４つに整理されました。また、「⑤対話後の振り返り」からの言及が結果的に全ての軸足ラベルに含まれていたことに加え、それぞれが【経験】「英語・日本語の区別無くできている感覚を得た」、【価値】「生徒ができるようになった姿を見るのが嬉しい」、【規定】「生徒同士の助け合いや気づき合いが有効」、【状況】「能力の異なる生徒の間では教え合いが生じる」と、４つの前提全てにわたって現れました。他方、【規定】では、支援的役割の重視から生徒に考えさせるための発話ができていないと、唯一のＴＳＥ［－］が見られます。以上より、最終ラベルは《指導を通じて生徒を知り、彼らが互いに協同して考えていける心の成長を期待することで教師としての喜びを得たい》となりました。

表22　面接データによる定性分析の結果

教師	問†	2次ラベル	軸足ラベル	前提				《最終ラベル》及び最終ラベルを象徴的に表す対話の抜粋(Dは対話者[筆者])
				価値	規定	経験	状況	
A	①	生徒のモチベーションの維持が自分のやり甲斐へ直結	動機づけと理解	＋				《人間関係を構築したいし英語理解の楽しさを引き出したいと思うと、どうしても母語重視に偏ってしまう》 A: 今回気づいたことって言えば、自分が日本語を割と重視してるなって実態と、英語のメリットがまだ日本語のそれに及んでいないんだなってことです。英語教師としてちょっとなんか残念な感じではあるんですけど... D:それは残念なことではないのでは.今回のことが無かったら気づかなかったってことでは... A:気づかなかったです。 D:それに気づいてもらえたら僕としては嬉しい。そこが僕の目標でもあったんで、普段あまり意識しないけど人間関係重視する上では日本語だなって感覚はあまりに当たり前過ぎて意識しないんです。 A:だから生徒とのインタラクションを考えたときに、まず何か質問を英語で投げかけて何か考えさせて、(中略)もう生徒同士は日本語でもいいから、わかる子に意味をとらせて、それを生徒でインタラクションして考えて、というような流れでできるんかなと…。
	④	生徒にとって親近感のある「いける↑↑?」の口癖で確認		＋				
	①	いつもわかりやすい授業で興味を喚起したい		＋				
	①	授業中に生徒全員が下を向く事態への恐怖心がある		－				
	①	どうしても授業中に手を焼いてしまう生徒がいる					－	
	①	生徒とまだ対等の意識でいることのメリット	人間関係		＋			
	①	授業での生徒との人間関係が大事		＋				
	①	人間関係が深まることで授業では逆効果になることもある					－	
	②	興味関心を喚起するにはどうしても日本語になる	母語優位			＋		
	⑤	やっぱり人間は母語で理解し考えるものだと思う			＋			
	③	研究授業中、結局日本語を使った場面があった				－		
	②	入試(文法)とコミュニケーション目標とで葛藤	各種制約からの葛藤				－	
	⑤	生徒に対して100%英語で授業することはやはり無理			－			
	②	活動内容をこなすのはいつも授業時間との闘い		－				

教師	問†	2次ラベル	軸足ラベル	前提 価値	前提 規定	前提 経験	前提 状況	《最終ラベル》及び最終ラベルを象徴的に表す対話の抜粋（Dは対話者［筆者］）
B	②	学校方針の達成が第一	職責の全う		+			《学校方針と自由な学びの間で緊張した自分を感じる.引っ張り過ぎだとわかり、もう少し計画的に余裕を持ってやりたい》 B:できていないことに関してちょっと厳しめの指導の方が多いかもしれません。 D:無意識のうちにやっぱり意気込みが入っていると… B:入りますよね.やっぱり文法とか.はい、なんかもうちょっといかに抑えるかなってところだと思います。（中略） D:先生としては日:英＝4:6でやられていた理想に近い以前の（学校の）やり方があって、その頃は今仰っているようなことはあまりなかったんですか? B:んー、あったけど、もっとあの頃はちゃんと準備をして英会話に持っていくようなことをちゃんとしていた。ワークシート作ったり…。今はロボットのような文法事項の繰り返しをしてるから英語の楽しみを見出すようなことができてないなぁということと、今は生徒に対して（目標が）達成できているかどうかだけで接しているなあと。一方的な指導になってしまっている。
	②	生徒が達成可能な計画や仕組み作りにもっと工夫が必要					−	
	②	まず単語・文法的な整理をやらせるのが大事		+				
	②	躾など管理をしっかりできた点は、効力感になった			+			
	②	モデル的活動（教師による型の提示）はまだできていない	入試優先				−	
	②	生徒同士のペア活動は、入試ベースのスキルでいいと思う			+			
	②	授業内容は大半が入試を目標としたもの					+	
	①	時間的制約を考えて余計なことはしない、言わない	最大限の工夫		+			
	①	教師としての役割の演じ分けが上手く機能している				+		
	①	教師の説明と生徒の活動とのメリハリをつけている			+			
	③	一方通行の授業になり無力感に陥ることがある	時間的・精神的余裕のなさ			−		
	②	時間的制約の中でのディベート活動は難しい					−	
	⑤	指導の偏りがあり、英語の楽しみを見出せてない					−	

教師	問†	2次ラベル	軸足ラベル	前提				《最終ラベル》及び最終ラベルを象徴的に表す対話の抜粋(Dは対話者[筆者])
				価値	規定	経験	状況	
C	①	授業での指導と生徒との人間関係は異なるもの	教師の役目			+		《指導を通じて生徒を知り、彼らが互いに協同して考えていける心の成長を期待することで教師としての喜びを得たい》 D:さっき先生がおっしゃっていたことで、僕が今ピンときて光ったことがあるんですけど、それは、先生が何か喋ってそれを生徒が返してっていうところで効力感を感じるのではなくて、ひょっとしたらC先生の場合は、生徒同士が教え合うってところに効力感を感じるっておっしゃっている? C:そうです.そうです!それもあります。そ、それの方が大きいかも!はい、生徒同士の教え合いが活発やったらいいなぁとやっぱり思います。 D:そこで自分の仕事が上手くできたなと思う? C:はい、はい、はい、はい。そうです。そうです。グループワーク、はい。一人で黙々と書くんじゃなくて。 D:それは、いつ頃から意識されてたんですか? C:ペア活動やグループワークは、教師の力ではできない。教室の中の人間関係で、グループワークがきちんと行ったらクラス運営も上手くいく…
	①	おばあちゃんの心持ちのように余裕が出てきた				+		
	⑤	(発話は)英語・日本語の区別なくできている感覚を得た				+		
	①	生徒を管理しなければならないという呪縛からの解放					+	
	③	生徒は英語を聞くだけでも授業についてこられると確信	発見と喜び			+		
	③	教師の感覚の研ぎ澄ましで(生徒に対する)感動が増加				+		
	①	生徒の予想以上の反応に鳥肌が立つことがある				+		
	⑤	生徒ができるようになった姿を見るのが嬉しい		+				
	②	生徒に考えさせる発問をもっと上手くしていきたい	考える力の育成		−			
	⑤	生徒同士の助け合いや気づき合いが有効			+			
	④	自分がファシリテーターとなることで生徒の気づきを促す			+			
	④	生徒は今後、自分を超えていく存在になる	生徒への期待	+				
	②	自分は「人間(心、感受性)」を育てている		+				
	⑤	能力の異なる生徒の間では教え合いが生じる					+	

Note. †TSEの4源泉(①社会的説得・②成功経験・③観察経験・④感情と生理的体感)と⑤対話後の振り返り、††「わかる」の意

第6節　統合的考察

ここでは前項で述べた定量分析と定性分析の結果を照合して検討し、英語教師のＩＳ行動の原理とＴＳＥとの関係、ならびにその教職経験年数による違いについて統合して考察してみたいと思います。表23は、定量分析（バイリンガル言語比、インストラクショナル機能比）と定性分析（快感情、源泉、前提、軸足ラベル）のそれぞれの特徴的なパターンを、経験３年の教師Ａから経験24年の教師Ｃの順に並べてまとめたものです。このうち、表中の効力は、上述したように木村（2010）の「心的報酬の即時的獲得」に該当すると思われるイベントについて、教師の快感情に対して［＋］、そうでない（快感情がない）場合を［－］とコーディングした結果をＴＳＥの擬似的変動とみなして数え上げています。したがって、表23に示されたように、教師Ａは、［＋７ －７ ＝ ±０］とＴＳＥが大きく変動しており、教師Ｃは、［＋13 －１ ＝ ＋12］と変動が抑制されているという解釈をしています。

第1項　言語比・ＴＳＥ・経験年数の関係

バイリンガル言語比では、教師ＣがＡやＢとは異なる傾向を示しました。ＡとＢに比べて日本語行使が少なく英語行使が多かったＣのＩＳ行動からは、２言語での教授に起因する矛盾と葛藤[86, 90,

表23　各教師の定量分析と定性分析の特徴的パターン

教師（経験年）	定量分析				定性分析	
	バイリンガル言語比	インストラクショナル機能比	TSE		前提††（[+]）	軸足ラベル内のキーワード
	日:英	CG:FG:SG†	効力	特徴的源泉		
A（3）	7:3	5:3:2	±0	社会的説得	価値	動機づけ、理解 人間関係 母語優位 葛藤
B（10）	7:3	6:3:1	+3	成功経験	規定	職責 入試 工夫 余裕のなさ
C（24）	6:4	5:3:2	+12	社会的説得	経験	教師の役目 発見、喜び 考える力 期待

Note. †CG = Core目標（学習内容）、FG = Framework 目標（学習の枠組み）、SG = Social 目標（社会的関係）　††前提は[+]の個数が最も多いものを特徴的とみなして取り出した

[106]がAとBより小さく、TSEの変動が比較的安定的に抑制されると共に、「①社会的説得」や「②成功経験」に基づく「心的報酬」による快感情と繋がっています[58, 91, 125]。表23に示すように、定性分析における教師Cの効力有りと無しの個数の差（TSE［+］と［－］の差）が全前提で［+12］と、Aの［±0］、Bの［+3］に比して格段に高いことはこれを裏付けています。ここで、経験年数の開きが最も大きいAとCを比べると、3目標によるインストラクショナル機能比は割合の上で大差はありませんでした（CG：FG：SG≒5：3：2）。しかし、その一方で、詳細項目別に言語比を見たところ複数項目で対比的な様相を呈

しています（表21）。両者の20年以上の経験差に着目すれば、Ｃが長年にわたり形成してきた経験的・価値的前提が「教師の役目」「発見と喜び」「生徒への期待」という軸足となって英語主体の豊かなＩＳ行動（媒介目標）と、そこで得た快感情（心的報酬）を介してＴＳＥに繋がっている様子が見受けられます。例えば、教師Ａの「興味関心を喚起するにはどうしても日本語になる」や「やっぱり人間は母語で理解し考えるものだと思う」といった２次ラベルからは、Ａが主眼としている目標がEllis（1984）のいう伝達目標の方にあり（表21のＣ２で日本語が多かったのはそれを裏付けています）、かつその日本語行使がＴＳＥ［＋］に繋がっています。これに対して、Ｃの⑤「対話後の振り返り」で現れた2次ラベル「英語・日本語の区別なくできている感覚を得た」には、彼女が媒介目標の下で母語へ拘ることなく英語もよく使用していることを示しており、またそれがＴＳＥ［＋］と結びついていることと好対照を成しています（表21のＣ１とＣ３・４で英語行使率が高いことはその表れとみなせます）。同様に、「授業での指導と生徒との人間関係は異なるもの」や「おばあちゃんの心持ちのように余裕が出てきた」といった２次ラベルに見られるＣのＴＳＥ［＋］の認識は、Ａの２次ラベル「人間関係が深まることで授業では逆効果になることもある」や軸足ラベル「各種制約からの葛藤」におけるＴＳＥ［－］の状況とは対照的な語りと言えます。

以上のことから、ＩＳ行動の熟練をバイリンガル言語比の観点から捉えれば、日本語行使の低減と英語行使の拡充の双方の実現が学習の内容（Core Goal）を通してＴＳＥと結びついていることから、ＣＧから不必要な日本語を減らし、必要最小限へと精選することでバイリンガル専門性の向上に繋がることが示唆されます。

第2項　機能比・TSE・経験年数の関係

インストラクショナル機能比から3名の教師を比較してみましょう。すると、AとCの機能比がCG：FG：SG≒5：3：2と、研究1で示された近年の平準化傾向に近いのに対し、Bのそれが6：3：1でCG（学習内容）が多くSG（社会的関係）が少なかったことが見て取れ、教師Bには他の2名とは異なる独自性があることがわかります。これは、Bが、彼女らと比較して、入試を見据えて生徒の学習内容を管理する、より講義説明型の行動原理で発話コントロールをしていたことを窺わせます。これは、定性分析において「職責の全う」「入試優先」「余裕のなさ」などの軸足が「②成功経験」（授業の目標達成）に関わっていたことからも推測できますから、校内で英語教師としての業務の中核を担うBが学校からのプレッシャーを感じつつも職責を果たそうと努力する姿が浮かびます。このCGが多くSGが少ないアンバランスなインストラクションは、現在のBのTSEの変動が、以前と比べて大きく亢進したことと関係しています。このことは、「まず単語・文法的な整理」「躾などの管理」「余計なことはしない」などの2次ラベルではTSE［＋∞］を得ているにもかかわらず、軸足ラベルには「時間的・精神的余裕のなさ」という緊張状態が現れていることからも推し量ることができ、全体を覆っているこの拮抗した心理が「英語の楽しみを見出せていない」というBの最終的自覚へ繋がったものと思われます。以上のことから、一定の経験を経ていわゆる頼れる〝中堅〟になると、一般に、授業で学校方針（入試目標等）に応じた責務をある程度上手く果たせるようになることから、学生からのフィードバック（社会的説得）や入試での合格（目標の達成）などを源泉とするTSE［＋］は得られるものの、前任校の生徒の様子やスキル目標に対する成功経験との比較から、自身も楽しいと感じていた、英語学習のより理想に近い在り方との間に主観的で相対的な葛藤が生じたことがわかります。インストラクションにおける学習内容の充実と社会的関係構築のための発言の少なさでTSE［＋］を得たとはいえ、Bにとっては、それが同時に英語の楽しみを見失うというTSE［－］の結果にも繋がったことで緊張感が生まれたと言えます。

第3項　熟練の度合い・IS・TSEの関係

ここで、「⑤対話後の振り返り」における語り（導出された前提への言及）を軸に、各教師のIS行動とTSEとの関係を熟練の度合いと対応づけながら整理しておきましょう。まず、教職経験年数の最も少ないAは、「自分が日本語を割と重視しているなって実態と、英語のメリットがまだ日本語のそれに及んでいない」と言明しました。Aは、動機づけや理解、生徒との人間関係を重視し、それには母語の方が有用だとの価値観（価値的前提）の下、C2やSG全体で日本語行使が多くなっています。この行動原理は、英語学習者としての立場から教える立場となって間も無いAが、自ずと自身の学習経験を頼りに、動機づけや理解、人間関係を重視した結果だと言えます。例

えば、彼女には生徒が興味関心を持てれば学習が進む、あるいは先生に親近感を感じると授業をよく聞く、といった前提に価値観をおいていました。それによりＴＳＥを得ることもあれば、その反面、英語の拡充とその必要性も理解している彼女にとっては、この前提だけではＴＳＥが十分に得られない事態が生じていました。Ａは英語だけでは授業がコントロールできなくなり、思い切った日本語選択を経て最終的にＴＳＥを維持しました。これは、ＡのＴＳＥが比較的短期間に亢進と減衰を繰り返す不安定状態にあったと捉えることで説明が可能です。それは、単純化するならば、大体次のようなＴＳＥの悪循環シナリオとして想定できます。①生徒との人間関係が上手くいく（亢進）、②人間関係が深まり生徒の要求が高まると授業管理が難しくなる

（減衰）、③英語より管理的効果が高い日本語を使う（亢進）、④日本語依存が続くと教師も生徒も英語の「豊かさ」を得るのが難くなる（減衰）。AにおいてＴＳＥ［±０］となったのは、もちろん教える経験が浅いことの反映であるとはいえ、今後、経験を積んで経験的・状況的前提を形成する知識を蓄えていけば、よりバランスのいい専門性を育んでいけます。

Fenstermacherも述べているように、まず重要なことは、他者との対話を通じて自分の無意識の前提に逸早く気づき、価値以外のその他の前提に対する新たな気づきを得たり、自分の前提の捉え直し（これを「再構築」といいます）をしたりすることだと思われます[35,58]。

教師Bは、多くの規定的前提（学校方針や入試）を意識しながらも中堅教師として「（その中でできる）最大限の工夫」をし、そこから一定のＴＳＥ［＋］を得ていました。しかし、自身のＩＳ行動を改めて振り返ったとき、「英語の楽しみを見出すようなことができてないなぁということと、今は生徒に対して（目標が）達成できているかどうかだけで接している」という最終的な言明に至りました。これは、前任校での自身のＩＳ行動（スキル重視のディベート活動など）と比較しつつ、現任校の入試を大前提とする方針やそのための職責、時間的・精神的な緊張感などの、なすべき前提（規定的前提）と向き合わざるを得ない、今のB固有の姿を描き出しています。またそれは、同時に、英語行使による活動の豊かさ（スキル学習への参加）と入試目標との間のジレンマを示す先行研究、例えば、これまで紹介した西野（2011）やSakui（2007）、Sakui & Cowie（2012）などの結果とも呼応しています[86,87,104,106]。このように自分の中で張り詰めた緊張や葛藤を他人との対話を通じて自覚することは、B自身がＴＳＥ［＋］をより増やせるようになる新たな前提（行動原理）への契機となります。また、それだけに止まらず、本書をお読みになっておられる同様の状況にある多くの教師の皆さんに対して、自身のインストラクションで学習内容に関するＩＳの割合を下げることで生徒との社会的関係の構築への余裕も生まれることから、ＴＳＥの変動を抑え、ひいてはジレンマの緩和に繋げられる可能性があると考えています。一例として、英語行使による内容中心の展開にするために文法や和訳（表4ではC1の一部や、C2）を授業から思い切って割愛し、これらを全て翻訳ＡＩや生成ＡＩへ任せてしまうことも考えられます。ＡＩは、ルールやパターン認識に関しては人間よりも遥かに優れた能力を示しますからＩＳの機能のうち、そこに重複している機能については、マシンに譲ってしまえばよいのです。生徒は宿題や家庭学習でその部分を自律的な反転学習として行うことでこれを達成できますから、教室ではより創造的な活動を増やすことができます。もちろんＡＩの妥当な使い方に関する説明は要りますが、これにより、それまで文法や和訳に費やしていた時間をより創造的で意味のあるインストラクションの時間へと様変わりさせることが可能となります。

さて、教師Cの「⑤対話後の振り返り」における語りからはどのようなことが言えるのでしょうか。ここで立ち現れるのは、2言語をさほど区別なく行使しつつ、生徒同士の協同を促し、そのようなインストラクションから生徒の学びが進んでいく様子に喜びを感じるCの姿です。ここではＴＳＥの変動が上手く抑制されています。加えて、Cのみが「④観察経験」からＴＳＥ［＋］（2箇

所）を得ていました。Cがこれについて面接で語ったのは自身が受けた研修受講との関わりです。Cは、失敗を経験したり壁を感じたりしたときに、進んで他の教師やネイティブ教師のティーチング研修を受講し、そのときの観察により様々な気づきが生じたといいます。「生徒は英語を聞くだけでも授業についてこられると確信」との２次ラベルはそこでの観察経験に基づく典型的な気づきであり、そういった気づきが、英語の内容を日本語で理解させようとすることへの拘りを消失させ、特に学習内容での英語行使を増やす契機となったと推察しています。このことは、成功経験のみでなく失敗経験とその克服もＴＳＥの循環的変化、ひいては教師の成長に繋がるという丹藤（2005）や渡邊・中西（2017）の主張[118,134]を支持しており、Ｃの適応的行動

の熟練の度合いが相対的に高いことを表しています。

第4項　IS行動における熟練の道筋

IS行動における熟練の道筋について、以上の考察から何が示唆できるでしょうか。教職経験年数の最も長いCの定量分析では、学習内容では媒介目標による英語行使が多く、意味理解や読み、発音などの学習内容に対して生徒と英語でのコミュニケーションを通じた発話が多い（C1で英語が多い）一方で、伝達目標は精緻化・精選が図られており文法や和訳などの学習内容が整理されていて少ない（C2の発話が少ない）ことがわかりました。またさらに、授業運営では活動の指示を明確にするための日本語行使も多い（F5で日本語が多い）といった点が特徴的です。このような傾向は、上述してきた定性分析の結果からも同様に窺えます。これに対し、教職経験の浅いAのIS行動の定量的な特徴はCとは対比的であった部分も多く、英語による意味理解の割合の低さと文法説明や和訳割合の高さによって示されているように伝達目標への比重の高さ（C1で英語が少なくC2で日本語が多い）と、活動指示における慣例的な英語表現、例えば、“Close your textbook.”などのクラスルームイングリッシュの多用（F5で英語が多い）、生徒との人間関係の重視（SG全体の割合及びそこでの日本語が多い）を反映しています。定性分析で現れたAの行動原理からも、生徒との円滑な関係性の下で教師の主導により英語への理解（日本語による理解）を促したいという、主にC2を中心とした伝達目標に重きがおかれた授業の様子が想像されます。このようにAとCのＩＳ行動の比較から英語教師の熟練への道筋を探れば、授業における「伝達目標の達成」から「媒介目標の達成」への転換の実現が、その重要な転換の骨組みとして浮かび上がってきます。そうした転換をめざすことで伝達目標への比重が低下し、生徒同士の協同による深い学びに繋がれば、媒介目標の下で英語行使が拡大していくことも徐々に期待できます。

さらに、この伝達から媒介への転換にＴＳＥが上手く機能する必要があります。「伝達目標の達成」を支える事象のうち、例えば、Ａの場合のように母語行使による関係構築の成功や生徒の理解促進などを源泉としてＴＳＥや快感情を得ている状態のとき、これを「媒介目標の達成」へ転換させることは難しいと思われます。なぜなら、まずは自身のＩＳ行動とその原理（隠れた前提）に自覚的になり、自分が日本語で何をどう発話しているのかの振り返りをしていくことで、初めて**バイリンガリズム**の実践を改善する実質的な一歩に繋がるからです。もし失敗しても、そこで得た気づきから克服に向けた努力をすることなどを通して、生徒との関係から感じるＴＳＥや快感情を安定的に得られるような、より適応的なＩＳ行動ができることが熟練への一つの道筋になります。文科省の推奨するスキル目標の達成に向けた日本語行使の低減や英語行使の拡充を実現し、機能上もバランスの良いインストラクションを展開したいのであれば、その成否は、ＴＳＥを軸とした適応的な日本語発話によってもたらされるものなのです。

第6章

何がわかってきたのか

第1節　3つの問いへの答え

本書の研究の目的は、我が国の日本人英語教師の**インストラクショナル・スピーチ（IS）行動とセルフ・エフィカシー（TSE）**の関係を実証的に明らかにすることにありました。最初に3つの問いを立て、それぞれに対応する3つの研究を実施しました。これらの問いは以下の通りでした。

【問1】日本人英語教師のIS行動は、教授目標が口頭スキル重視となった90年代から今日までどう変化したのか

【問2】日本人英語教師のIS行動は、TSEとどのように関係しているのか

【問3】日本人英語教師のIS行動とTSEの関係性は、熟練の度合い（経験）でどのように異なるのか

3つの研究を通じて、IS行動とTSEの関係から英語教師の熟練の道筋が一定程度明らかとなり、英語行使の拡充へ向けた日本語の洗練への示唆を得ることができました。この最終章ではまず、これまでの各章に記述した3つの研究についてまとめ、次に、そこから導かれる、今の学校や

教育が抱える問題の解消に向けたヒントと、この研究で明らかにできなかった課題をあげます。

まず、研究1（問1）では、日本人英語教師から収録した発話データを定量的に分析することで、教授目標が口頭スキル重視となった90年代から今日までＩＳ行動がどのように変化したのかが探られました。結果は、過去30年間における3時点でのＩＳ行動（日本語行使と英語行使）の言語比と機能比に時間的な関連が見られ、各時点間の行動パターンの類似性や相違が明らかとなりました。この結果は、11名の教師の発話データに基づいた限定的なものではありますが、それぞれの時点がコミュニケーション中心へと変わった学習指導要領の変遷時期とも重なっていることから、ＩＳ行動に関わる１９９０年代以降の教師の支援的役割の推移をある程度推定することができます。特に、２０１１年から今日にかけての近年の変化は、⑴ＩＳの機能のうち、とりわけ授業内容に関する教師の日本語支援が減少、⑵学習内容（ＣＧ）、学習の枠組み（ＦＧ）、社会的関係（ＳＧ）の３目標に関係する英語支援の平準化、そして、⑶生徒との人間関係を中心とする社会的支援の（特に日本語発話での）増加の３つに特徴づけられます。

次に、研究2（問2）では、日本人英語教師のＩＳ行動（日英発話選択）がＴＳＥとどのように関係しているのかが混合法で探られました。１０８名の中学高校教師への質問紙による定量分析では、バイリンガル言語比の偏り（英語行使3割に対する7割の日本語行使）が確認され、また、豊かな英語行使と、認知的・情緒的に有効な日本語行使との間で、スキル目標達成へ向けての心理的葛藤が見られました。一方、６名の事例を対象に行われた定性分析では、主に「社会的説得」と

「感情と生理的体感」の2つのチャンネル経由でTSEの変動を感知しながら目標達成へ向けて日英の選択や非選択の判断をしている教師の姿が捉えられ、統合的考察の結果、TSEの変動を抑えることで最適なIS行動へと繋げる動的な最適化モデルが導き出されました。これにより、TSEを軸として学習者のフィードバックが教師の期待の高まりとなったり、教室で経験する教授上の戸惑いを回避させたりする固有の行動原理にも繋がっていることが見出されましたが、他方、日本語と英語がTSEに与える働きの違いによって英語行使は条件限定的に、日本語行使は効力感を維持するための緩衝剤として無条件に働くことから、教師のバイリンガル言語比が日：英＝7：3と日本語過多になっていることもわかりました。

最後に、研究3（問3）の混合法による事例比較では、教職経験年数や校内での責務の違いにより、IS行動の背後にある行動原理（前提）とTSEとの関係性が異なる様相を呈することがわかりました。3名を対象とする事例研究であることから一般化には慎重を期す必要がありますが、ここから英語教師の専門的な言語選択（**バイリンガリズム**）における熟練の道筋を推定することができます。先行するIS研究と同様に、教職経験が浅い教師にはTSEの比較的大きな変動が見られ、これに連動して、人間関係の構築や生徒の英語理解に向けた日本語の多用も見られました。また、中堅教師は、入試優先の学校方針からくる日本語行使（コミュニケーション活動よりも文法や和訳の説明が多いこと）や、演習や講義に偏り過ぎて生徒との社会的な関係構築の希薄さからくる葛藤や緊張感を感じ、TSEの変動が抑えられない様子が見られました。一方、経験が長い教師は、他の教師よりも豊富な英語行使を媒介として生徒の協同や成長を期待することで教える喜びを得ており、彼らに比べてTSEの変動が比較的よく抑制されていたことから、長年の経験や研修が専門的熟練へと繋がって、バランスの良い**バイリンガリズム**へと結実している様子が示されました。

第2節　明らかになったこと：結論

以上の3つの研究により導き出された結論を以下に示します。

学習指導要領の変遷と共に、近年、授業内容に関する教師の日本語発話が減少し、インストラクションの内容やその枠組み、そして生徒との社会的関係のそれぞれに機能的バランスの良い英語発話が増加傾向にあります（研究1）。また、こうした日本の英語教育を取り巻く教室環境の変化の中で、教師の**インストラクショナル・スピーチ（IS）とセルフ・エフィカシー（TSE）**の間には、スキル目標の達成、社会的人間関係、感情と生理的体感という、3つの源泉との関係性が認められます。とりわけ、スキル目標の達成においては、教授目標自体が矛盾している現状から、固有の教室環境や人間関係に応じてTSEが変動することもあり、個々の教師の葛藤の環境要因ともなっています（研究2）。しかしながら、教授経験年数を重ね、熟練の度合いが増すことで、そうした変動がある程度抑えられる可能性があります。熟練と共に、効力感の変動を抑えることのできるＩＳ行動を達成することは可能で、とりわけ、第5章で考察したように、教師が日常無意識に使っている母語の日本語に自覚的になることがＩＳの包括的機能へ目を向けたり、有効な機能に気づいたり、日英の行使内容を精選・洗練したりすることに役立ちます。これにより、言語的、機能的にバランスの良いインストラクションを達成することができれば、それがより効果的な教育方法として学習者の成功を導くものともなり得ます（研究3）。

第3節　明らかにできなかったこと：今後の課題

以上の結論を踏まえ、残された課題としてどのようなことがあげられるでしょうか。本書ではＩＳ研究で特に重要視されてきた教師の時間的経験と**セルフ・エフィカシー**の4源泉をＩＳ行動の重要な要因と捉えました。しかし、これら以外の諸要因、すなわち校種や学習段階などの環境要因をはじめ、授業スタイルや性別など、ＩＳ行動と関係しそうな個人差要因はここでは考慮対象としていません。これまで日本であまり扱われなかった英語教育の中の日本語（母語）にフォーカスすることが重要な本論文の研究課題の一つであったこと、またさらに、これに関する国内の文献の少なさからこの課題を海外の先行文献を参考にしつつ探索的に探るものであったこともあり、日本の教室環境要因や個人差要因を含めたＩＳとＴＳＥの関係の検討については今後の研究が待たれます。考えられる方法としては、例えば、中学校と高等学校では、教える内容やレベルが異なることに加え、学習者の理解や認知の程度も異なります。同等の教授経験年数にある、中高の教師の差や、そのＴＳＥとの関係を見るための研究デザイン、また、個人差や学習スタイルによって経験とＴＳＥとの関係性がどのように異なるのかといった、経験年数をコントロールしながらのデザインなどが考えられます。これについては今後の課題となります。

一方、研究３（教師Ｂ）に見られたように、高等学校の教師にとって大学入試に対する学校の方針が彼らに与える葛藤の大きさは、依然として大きいことから、ＴＳＥとの関係については、ローカルな環境へコンテクストを絞った独自の分析が必要であるとも言えます[86,87,88]。また、小学校英語教育の発展により今後は中等教育段階でもコミュニケーション活動がより重要になってくると思われることから初等教育との関連や、さらには、大学などの高等教育との関連も勘案しつつ可能な限りより広く探っていく必要があります。いずれにしても、日本人英語教師の日本語と英語を同時に視野に入れた研究デザインでＩＳ行動やＴＳＥを分析した研究がこれまで国内であまり見られないことから、今後は、その他の諸要因のＴＳＥへの影響も一つひとつ丁寧に検討しつつ、より多様な事例の収集が必要になります。

また、本研究では教師の認知と行動を研究対象としましたが、忘れてはならないこととして、ＩＳ行動については、教室のもう一方の動作主体（agent）である生徒の学びや学習者の**セルフ・**

エフィカシーとの相互作用という観点から検討することが、より自然な教室環境に近い教育科学として重要だと思われます。**セルフ・エフィカシー**に焦点をあてて学習行動や学習認知との関係性を調べた研究は、これまで国内外で数多くなされ、一定の研究の蓄積が見られます。しかしながら、学習者と教授者の両者が織りなすＩＳ行動の諸相を取り上げて、互いの効力感がローカルな教室環境でどのように相互作用するのかという点については、その理論的背景も含め、未だ多くのことが不明です。例えば、Omote（2020）は、教室環境をニューロサイエンスとアフォーダンス理論の視点からモデル化しようとする取り組みですが、これとてまだまだ構想の域を出ていません。今後は、生徒の学習状況に関するデータをより綿密に分析するなどして、教師と生徒のやり取りから得られたデータを元に、教師のＩＳ行動やＴＳＥの様相がそういった社会的相互作用や人の脳内機序とどのように関わっているかを科学的に分析するアプローチを考える必要があります。

おわりに

ＡＩ時代、あなたの日本語と英語のために

　ここまで、過去16年「英語教師が話す日本語と英語」というテーマで私が追究してきた研究の成果を概観してきました。本書の終わりに、これから始まる次のＡＩ時代に日本人が学校でどのような日本語と英語を話す姿があるのか、少しだけ期待を込めて述べてみたいと思います。現在、日本の学校では、「英語で授業を行うことを基本とする」という国の目標達成へ向け、日本語と英語の量的・機能的なバランスの良いインストラクション（ＩＳ行動）が求められています。学校の英語科に課せられたこの比較的新しい国策に対して、今後、どのような課題や教育的示唆を読者の皆さんにお伝えできるでしょうか。またそれと同時に、今、実際に学校でジレンマや葛藤を抱えておられる個々の中学高校の先生（特に若い世代の教師）に対して、問題の解消へ向けて私からどのようなアドバイスが可能なのでしょうか。これらの問いへの十分な答えとなるかどうかはわかりませんが、本書で浮かび上がってきた課題や、現時点で皆さんに示唆できそうなことを私なりに整理してみようと思います。

　そこでまず、学校に向けての一般的課題のうち私が特に重要だと考えるポイントからお伝えします。第一に、やはり、これまで日本の英語教育の発想にはなかったこと、英語授業における日本語

（母語）の役割を振り返ることの大切さについてです。学習内容はもとより、学習の枠組みや、それ以外の社会的交流も含めた教授日本語（instructional Japanese speech）を、教師の個人的努力に頼るのではなく、学校の中で具体的にどう構築するべきでしょうか。これまで疑問に上がることさえなく、むしろそれぞれの教師の個性的特徴だと捉えられてきた嫌いがある教師の授業での言動（日本語使い）ですが、これを教授日本語、職業上の役割として、また、一般的モデルとして洗練していくことが、今後の日本の学校における新たな課題となっています。

次に、中等教育段階における「外国語（英語）」という科目に関しては、必修科目としてのアカデミックなスキルという教育内容に加え、自ら（の身体）を媒体とした実質的な教授行動により学習を支えていくことの意義が問われています。ただし、単に自分を媒体とするだけのことなら、ALTの助手や英語母語話者教師がこれまでもやっていることです。ですから、この教授行動は、英語母語話者にも、また、AIにもできない、日本人教師のやり甲斐を引き上げ、生徒のスキル向上も目指して行う教授英語（instructional English speech）行動となる必要があります。学習内容（CG）のみに限らず学習の枠組み（FG）を支え、また、地域性に根ざしたヒューマンなインストラクションを構築できる（SG）日本人英語教師としてのモデル化を目指すことです。例えば、インストラクショナル機能に適合したISのCan Doリストを各学校のニーズに合わせて作成する工夫などがIS行動の視覚化にも繋がるため大変有用です。繰り返しになりますが、教師のバイリンガル言語比は母語行使過多（7割）の現状です。英語行使を増やすため日本語行使を減らすことが基本であることは本書で繰り返し強調してきました。しかし、学校にとって最終的に重要なのは、生徒や地域社会に有意義で、意味のある教師の英語使い（行動）をおいて他にはありません。そのためにどのような日本人教師のモデルがあり得るのでしょうか。ここで少しだけ考えておきます。

この質問に答えるには、現在、世界を席巻しているChatGPTなどの生成ＡＩが教室でできること・できないことをあらかじめ把握しておくことが大いにヒントになります。皆さんは、ＡＩが、将来、どれだけ技術的に発展しようが人間には敵わない点が一つだけあることをご存知でしょうか。その答えは、ＡＩが身体を持っていないという事実にあります。全てのＡＩは記述されたアルゴリズムから成っています。したがって、身体の無い機械プログラムには、人間のような、生身の身体を介して発展してきたコミュニケーションが原理的に不可能です。例えば、人間には身体の周囲の情報を目や耳や鼻を経由させて脳内に取り込み、一瞬のうちに統合、そして次の瞬間には相手に合わせた意味のある発話を投げかけることができます。教師は、目の前の生徒の表情や言葉、時にはそれを発している息遣いや汗の匂いから自分の発話を調整して発話行動を起こすことさえありますが、生成ＡＩにはそうした芸当は無理です。こうしたＡＩにできない非ＡＩ的なＩＳ行動を目指すことで、教師はこれからも学校でＡＩと共生し生き残りを図ることができます。この点から見ても、教師と生徒がどこまで身体を張って教室での意味のある（非ＡＩ的で、より人間的な）やり取りができるかという先程の問題が、これからのＡＩ時代における教育の新たな課題であることがわかります。ＡＩ時代の外国語（英語）科のインストラクションの意義と在り方を考えるとき、このように従来の教育過程の枠組みを一度整理し、教育内容と教育方法をさらに広げた形で議論していく必要があることがわかります。

さて、いよいよ、終わりが近づいてきました。最後に、現在、葛藤を抱えつつ日々孤軍奮闘している一人ひとりの教師に対し、問題の解消に向けてどのような言葉を掛けてあげられるでしょうか。１つ目は、目標となる教授内容（ＣＧ）について、情報を一方的に伝えるだけの伝達目標から、支援を中心とした媒介目標の達成へと目標意識の転換を図ることがあげられます。日本語による英語理解を主要な教授目標としていた伝統的な目標意識を廃し、学習者との直接的で直裁的な（その時々の瞬時の判断を要する）英語によるやり取りを通じたコミュニケーション、言い換えれば、教授目標３区分（ＣＧ、ＦＣ、ＳＧ）の、どのインストラクションでもさっと素早く支援できるよう、個人レベルでも目標意識の転換が図れることが大切です。しかし、ここであなたは、そんなこと一体どうやったらできるのかと感じているかもしれません。日本語をなくすことなんか時間的にも能力的にもできるわけがない！という声が聞こえてきそうです。そこで、そのためのヒントを一つ提供したいと思います。ここでもやはり、今、話題となっている生成ＡＩを伝達目標達成のための新たな教育資源として積極活用することをあげることができます。恐れることはありません。ＡＩを逆手に取って教師の危機を乗り切るのです。柔軟な思考と創造性で生徒に対するあなた自身の認知的・情緒的・身体的なそれぞれの役割の見直しと再構築を図ってみては如何でしょうか。例えば、あなたがかつて学習者として教室で習い、その後、教師としても教えてきた和訳、文法、ルール発見、英作文などの伝統的な英語学習や教授内容は、あなたとあなたの生徒のどちらにとっても非常に頭を使い、大変時間のかかる、非直裁的で複雑な作業を多く含んでいます。例えば、昔からある、長文の日本語訳や英作文のタスクを考えてみて下さい。これらの演習作業に取り組むことは重要な入試対策の一つですが、英語で実際にコミュニケートするとなると、聞いたり話したりするときに、必要な文章を一つずつ作ったり日本語に訳したりすることなど到底できないことに気づきます。同じように、英語で授業をしたり、聞いたり、(英語のまま)理解したりするのにあなたの脳にとって日本語は本当に邪魔になる上に、そもそも授業ではやることが多過ぎて限りなく不可能に近いことがわかります。和訳や英作文、文法やルール発見などの伝統的な英文理解のためのタスクは、英文と日本文を対照言語学的に比較したり、英語を日本語で理解したり、あるいは、(日本語も含めて)言語をより深く理解したりする認知学習には大変有効ですが、あなたの脳にとってそのような認知・メタ認知的な処理は、あなたやあなたの生徒達が外国語でそのまま直裁的で有意味なコミュニケーションを図るための訓練としては全く不向きだったと気づくはずです。それどころか、日本の多くの教師がただなんとなくやってきた、このような伝統的教授行動の影響により、日本人には英語は難しいもの、英語は日本人には喋れないことば、という学習バイアス(偏見)を知らず知らずのうちに刷り込まれている場合の方が多いのではないでしょうか。英語教師の伝統的な仕事とみなせるこうした文法や和訳に関する発話のインストラクショナル機能は、どれもＡＩが得意とする分野、ＡＩとの親和性が非常に高いものでもあるのです。ＡＩは、時間を掛けず素早く、どこからでも、しかも適宜学習者のペースにしたがいつつ柔軟に、和訳や文法の説明を日本語と英語で提供することができます。あなたは、そのようなＡＩの得意分野、機械的プログラムのパーソナライズ化された特徴とされる性質を押さえて教育にＡＩを活用していくことができます。もしも、あなたがルール発見や和訳の学習で苦労してようやく教師になった経験をお持ちなのであれば、これからはそうした伝統的役割を思い切って脱ぎ捨て、ＡＩにどんどんやらせてみてはどうでしょう。その上で、翻ってあなたの授業ではインストラクショナル機能（例えば、ＣＧ：ＦＣ：ＳＧ＝５：３：２など）のバランスに考慮しつつ、あなたが自分の身体を張ってできそうだと感じることのできる授業展開を目指せばよいのです。そうすることで媒介目標をこれまで以上に意識し、英語行使と日本語行使の最適なバランスを図り、そしてあなただけができる**バイリンガリズム**によるインストラクションが可能となるはずです。ＡＩを利用することで、誰でもない、あなたらしさを目指すのです。

２つ目に、研究３の教師Ｃのように、ある種の教員研修は、悩んだり行き詰まったりしてきたあなたの主観的信念や行動原理を変容させる契機となり得ます。マンネリ化した実践の改善を促すための講習に参加したり、あなた自身が新たな興味関心に気づけるような観察場面を設定したりすることで適応力を伸ばすことができます。また同時に、ＴＳＥとＩＳがより安定的な関係を築くことも期待できます。Banduraの**セルフ・エフィカシー**の４源泉のうち、観察経験による効力認知は、今回の調査ではあまり捕捉できませんでした。しかし、あなたが良いなと感じてきた教師や、身近な他者の授業観察を通じて、自身のＩＳ行動を振り返り、新たな客観的気づきを得ることができます。対象となる教師のスキルがあなたとかけ離れている場合には、最初は自分にはできないと落ち込むこともあるかもしれませんが、観察しながらこれは良いな、自分にもできそうだなと思えるような、レベルが少し上のＩＳ行動をどんどん真似ること、まずは自分で行動してみることが重要です。同僚教師やベテラン教師の授業を観ることは、社会性や適応力を上げ、自分のＩＳ行動改善にも役立つものです。

３つ目に、本書では実践の改善に向けて自身のＩＳ行動とその隠れた前提（特に無意識に行われる日本語行使）に一人ひとりの教師が敏感になること、より自覚的になることの重要性が示されました。それには、今回の実践的対話のような、行動観察者（教師教育者や経験豊かな教師）との対話の機会が有効な触媒となり得ます。例えば、あなたの同じ地域の学校に所属する同僚や先輩教師の中で、信頼できそうだと思える教師に授業を観察してもらって意見を仰いだり、英語科以外の教師や教育関係者を相手に、自分では気づきにくい発話の癖や、思わぬ学習への効果について対話したりすることは、あなたが使う英語や日本語に対する新しい発見と自覚を促します。あとは、そこから自分の具体的行動へのヒントを拾い上げて考え、行動へと繋げていくだけでいいのです。観察経験を源泉チャンネルとするＴＳＥの好循環の亢進が起こることで新しいＩＳ行動に対しての新たな気づきを得ることもあり、それにより、葛藤の軽減や、新たなインストラクションへの自信に繋がっていく可能性もあります。

　他方、読者の中には、学校でのバイリンガルの教授行動はわかる気もするが、日本の学校でその存在意義をどう専門的に位置づけられるのかという疑問を持たれる方もいるかもしれません。そうした疑問に対しては、その疑問を追究する行動がそのまま、国内での研究の蓄積も前例もない、新たな研究の発展と行動に繋がるだろうということを再度強調したいと思います。事実、現行の学習指導要領にしたがえば、日本人教師の**バイリンガリズム**とは、授業の基本を外国語で組み立てていく職業的行動（professional instruction）だと差し当たり定義しておく他は定義の仕様がありません。日本政府は、グローバリズムという抽象的な概念の下、少なくとも２００９年以降、外国語教育における英語の基本使用を、その理由を学校現場に対して十分に明らかにすることなく現場の教師に通達したわけです。あなたが使う外国語で授業を展開し、しかもその上で、日本語はあくまで生徒に対して補助的な援助を提供する言語に過ぎないものだという視点から、教師の役割を捉え直す必要性に迫られているのです。

　既に述べた通り、本書は、社会や言語を論じたものではありません。あくまで学校で教育の仕事をする日本人教師の心理と行動を、今日の日本の現状に照らして科学的に論じようとしたものです。しかしながら、ある社会における母語（第1言語）とそれ以外の言語（外国語や第2言語）を論じる際には、自ずとそうした言語と社会と国家の関係に言及していかなくてはならない場合があります。例えば、日本はバイリンガル社会ではないから**バイリンガリズム**を主張するのはミスマッチだとする言説があります。あるいは、日本は単一言語社会の外国語教育の国であって第2言語教育の国ではないのだから、外国語教育とバイリンガル教育は区別しておくべきだ、という専門家の論調に出くわすこともあります。そうした言説は、科学的データに支えられているものもあれば、そうでない場合もあります。英語が外国語であるという唯一点を強調することで、日本社会は第2言語教育が必要な欧米のような社会とは根本的に異なる社会だから英語のスキルよりも英語の理解の方が優先されるべきだという伝統的主張を通したい場合もあるようです。しかし、現実的には決してそんなことはありません。日本社会にも、他国の社会と同じように、様々な理由から学習バイリンガルとして生活している日本人が数多くいます。私もそのうちの一人です。国が英語を「外国語」だと規定することと、そこに生きる一人ひとりが今後どのような言語社会を目指したいかということは別の問題です。また、国の言語政策と人間の脳の機序もまた別の問題として捉える必要があります。私は、こうした考え方から、社会生活上、総じて英語が必要であるか否かという二項対立で第2言語教育と外国語教育を分けることには反対の立場をとっています。私たちのことばは、脳内で意識的にも無意識的に機能しますし、また、日々暮らしていれば英語は必要な場合もそうでない場合もあるからです。それは個人個人の判断に委ねられるべきものではないでしょうか。また、そのような区別は研究上有用な場合もありますが、そうでない場合、特にアカデミックな場においてはとても曖昧な定義にしかすぎません。それどころか、**バイリンガリズム**が、特殊な社会の特異現象であり、日本社会の多くの日本人とは無縁であるかのような風潮を作り上げてしまうことだってあります。そうした風潮の背後には、実際には、本書が問題としてきた母語依存の問題が潜んでいる場合もあるので注意しなくてはなりません。日本はどこでも日本語が通用するから英語なんて必要ないと考えることと、日本はバイリンガルの国ではない、ということは母語依存という点から見れば紙一重なのです。

折しも、多くのマイノリティーの人々の社会的権利が叫ばれています。そんな中、もしも教育の将来があなたのことば使い（行動）を最大限に広げた形での未来、ダイバーシティに適合した未来を作ることにあると仮定してみるのはどうでしょう。未来の社会の幸せは、教育によってもたらされます。今日、日本の外国語教育にとっての本当の意義とは、グローバルという言葉とは裏腹に、実際のところ、我々が母語に依存してしまっているのかもしれないという状況に気づき、そういった母語の狭い枠組、意味を処理できるのは自分のこの言葉だけだという偏狭な意識を超えて、あなたが使いたいときに外国語を使い、また、折に触れて日本語も使う、そのような開放感、言葉の自由な社会的選択行動を増やすことにこそあるのではないでしょうか。外国語で話すことと**バイリンガリズム**（母語とそれ以外の言語の2言語を話すこと）は、世界じゅうの人々との、偏見の無い、自由なコミュニケーションを考えたとき、人のとるべき行動、とりたい・とりたくない行動としては、決して別のこと、異なるものではないのです。

さて、このような私の考え方は、学校教育に携わっていらっしゃるあなたには、今、どのように映るでしょうか。本書全体を通じてあなたに少しでも共感して頂けるところがあるのであれば著者として大変嬉しく思います。本書を最後までお読み頂いて誠にありがとうございました。

２０２４年１月31日　表　昭浩

【引用文献】

※1 Alegria De la Colina´ A. A., & Garcia Mayo, M. D. P. (2009). Oral interaction in task-based EFL learning: The use of the L1 as a cognitive tool. *International Review of Applied Linguistics in Language Teaching*, *47*, 325–345.

※2 Antón, M., & Di Camilla, F. J. (1999). Socio-cognitive functions of L1 col-laborative interaction in the L2 classroom. *The Modern Language Journal, 83*, 233-247.

※3 Atkinson, D. (1987). Teaching in the target language; a problem in the current orthodoxy. *Language Learning Journal, 8,* 2-5.

※4 Atkinson, D. (1993). *Teaching Monolingual Classes.* New York: Longman.

※5 Auerbach, E. R. (1993). Reexamining English only in the ESL classroom. TESOL Quarterly, 27, 9-32.

※6 Bandura, A. (1977). Self-efficacy: Toward a unifying theory of behavioral change. *Psychological Review, 84 (2),* 191–215.

※7 Bandura, A. (1989). Human agency in social cognitive theory. *American Psychologist, 44,* 1175-1184.

※8 Bandura, A. (1997). *Self-efficacy: The exercise of control.* New York, NY: Freeman.

※9 Bembenutty, H. (2006). Teachers' self-efficacy beliefs, self-regulation of learning, and academic performance. *A paper presented at the annual meeting of the American Psychological Association,* New Orleans, LA.

※10 Bembenutty, H. (2003). Teachers' Self-efficacy Beliefs, Delay of Gratification, and Self-Regulation. *A paper presented at the annual meeting of the American Educational Research Association,* New York, NY.

※11 Black, C., & Butzkamm, W. (1978). Classroom language: Materials for communicative language teaching. *English Language Teaching Journal, 13,* 270-274.

※12 Brooks-Lewis, K. A. (2009). Adult learners' Perceptions of the incorporation of their L1 in Foreign language teaching and learning. *Applied Linguistics, 30,* 216-253.

※13 Burden, P. (2000). The use of the student's mother tongue in monolingual English "conversation" classes at Japanese universities. *The Language Teacher, 24,* 5-10.

※14 Butzkamm, W. (2003a). We only learn language once. The role of the mother tongue in FL classrooms: death of a dogma. *Language Learning Journal, 28,* 29-39.

※15 Butzkamm, W. (2003b). Medium-oriented and message-oriented communication. In M. Byram (Ed.), *Routledge Encyclopedia Language Teaching and Learning (pp. 406–407).* London: Routledge.

※16 Çelik, S. (2008). Opening the door: An examination of mother tongue use in foreign language classrooms. *Hacettepe University Journal of Education, 34,* 75–85.

※17 Chacón, C. T. (2005). Teachers' perceived efficacy among English as a foreign language teachers in middle schools in Venezuela. *Teaching and Teacher Education, 21,* 257-272.

※18 Chang, B. -M. (2002). The development of English educational materials based on the 7th national curriculum of Korea. *Pan-Pacific Association of Applied Linguistics 6,* 15-28.

※19 Chapple, J. (2015). Teaching in English is not necessarily the teaching of English. *International Education Studies, 8 (3),* 1-13.

※20 Chiu, P. H. P., and Corrigan, P. (2019). A study of graduate teaching assistants' self-efficacy in teaching: Fits and starts in the first triennium of teaching. *Cogent Education, Abingdon 6 (1),* 1-13.

※21 Cole, S. (1998). The use of L1 in communicative English Classrooms. *The Language Teacher,* 22, 11-13.

※22 Cook, V. (2001). Using the first language in the classroom. *The Canadian Modern Language Review, 57 (3),* 402-423.

※23 Chambers, F. (1991). Promoting use of the target language in the classroom. *The Language Learning Journal, 4,* 27-31.

※24 Crawford, J. (2004). Language choices in the foreign language classroom: target language or the learners' first language? *RELC Journal, 35*, 5-20.

※25 Creswell, J. W. (2015). *Educational Research: Planning, Conducting, and Evaluating Quantitative and Qualitative Research.* Boston, MA: Pearson.

※26 Creswell, J. W. & Clark, V. L. P. (2018). *Designing and Conducting Mixed Methods Research. 3rd Ed.* London: Sage.

※27 Critchley, M. P. (2002). The role of L1 support in communicative ELT: A guide for teachers in Japan. *JALT 2002 Conference Proceedings,* 119–126.

※28 Crookes, G. (1990). The utterance, and other basic units for second language discourse analysis. *Applied Linguistics, 11 (2)*, 183-199.

※29 De la Campa, J. C., & Nassaji, H. (2009). The amount, purpose, and reasons for using L1 in L2 classrooms. *Foreign Language Annals, 42,* 742-759.

※30 Duff, P., & Polio, C. (1990). How much foreign language is there in the foreign language classroom? *The Modern Language Journal, 74,* 154-166.

※31 Edstrom, A. (2006). L1 use in the L2 classroom: One teacher's self-evaluation. *The Canadian Modern Language Review, 63,* 275-292.

※32 Ellis, R. (1984). *Classroom Second Language Development.* Oxford: Pergamon.

※33 江利川春雄（２００５）英語「戦略計画」の批判的考察『中部地区英語教育学会紀要』第34号３２１－３２８頁

※34 Faez, F., and Valeo A. (2012). TESOL teacher education: Novice teachers' perceptions of their preparedness and efficacy in the classroom. *TESOL Quarterly, 46* *(3)*, 450-471.

※35 Fenstermacher, G. D. (1994). The Knower and the Known: The nature of knowledge in research on teaching. *Review of Research in Education, 20,* 3-56.

※36 Franklin, C. E. M. (1990). Teaching in the target language: Problems and prospects. *The Language Learning Journal, 2* *(1)*, 20-24.

※37 Ghonsooly, B., & Ghanizadeh, A. (2011). Self-efficacy and self-regulation and their relationship: a study of Iranian EFL teachers. *The Language Learning Journal, 1,* 1-17.

※38 Gorsuch, G. (2000) EFL educational policies and education cultures: Influences on teachers' approval of communicative activities. *TESOL Quarterly, 34* *(4)*, 675-710.

※39 Glasgow, G. P., & Paller, D. L. (2016). English language education policy in Japan: At a crossroads. In R. Kirkpatrick (Ed.), *English Language Education Policy in Asia (pp. 153-180).* New York, NY: Springer.

※40 Green, J. F. (1970). The use of mother tongue and the teaching of translation. *English Language Teaching Journal, 24* *(3)*, 217-223.

※41 石原知英（２００７）指導要領の変遷から見る学校英語教育の目的論の展開『中国地区英語教育学会研究紀要』第37号91－１００頁

※42 Harbord, J. (1992). The use of the mother tongue in the classroom. *English Language Teaching Journal, 46* (*4*), 350-355.

※43 Hosoda, Y. (2000). Teacher codeswitching in the EFL classroom. *JALT Journal, 22,* 69-93.

※44 Honna, N., & Takeshita, Y. (2004). English education in Japan today: the impact of changing policies. In H. W. Kam & R. Y. L. Wong (Eds.), *English Language Teaching in East Asia Today: Changing Policies and Practices, 2nd ed.* (*pp. 195-220*). Singapore: Eastern Universities Press.

※45 Hwang, S.-S., Seo, H.-S., & Kim, T.-Y. (2010). Korean English teacher's disempowerment in English-only classes: A case study focusing on Korea-specific cultural aspects. *Sociolinguistic Journal of Korea, 18,* 105-135.

※46 石野未架（２０１６）会話分析的手法を用いた教師の授業実践知の記述『日本教育工学会論文誌』第40号13－22頁

※47 Joen, I-J. (2008). Korean EFL teachers' beliefs of English-only instruction. *English Teaching 63,* 205–229.

※48 Joyce, P., von Dietze, A., & von Dietze, H.（2009）. Inviting students to use their L1 in the EFL classroom. *Kinki University English Journal, 6,* 11-33.

※49 菅 正隆・髙橋一幸・田尻悟郎・中島洋一・松永淳子（２００９）新学習指導要領は英語の授業をどう変えるのか『英語教育』５月号10－19頁　大修館書店

※50 金谷 憲（２００４）「オールイングリッシュ絶対主義」を検証する『英語教育』３月号８－10頁　大修館書店

※51 Kaneko, T.（1992）. The role of the first language in foreign language classroom. Unpublished doctoral dissertation, Temple University, Philadelphia.

※52 Kang, D. -H.（2008）. The classroom language use of a Korean elementary school EFL teacher: Another look at TETE. *System, 36,* 214-226.

※53 Kikuchi, K., & Browne, C.（2009）. English educational policy for high schools in Japan: Ideals vs. reality. *RELC Journal, 40,* 172-191.

※54 Kim, S. H.（2008）. Types and characteristics of classroom exchanges in Korean middle school TETE classes: A discourse analysis and its pedagogical implication. *SNU Journal of Education Research, 17,* 71-94.

※55 Kim, S.-H., & Elder, C.（2005）. Language choices and pedagogic functions in the foreign language classroom: A cross-linguistic functional analysis of teacher talk. *Language*

Teaching Research, 9, 355-380.

※56 Kim, S.-Y.（2002）. Teachers' perceptions about teaching English through English. *English Teaching, 57,* 131-148.

※57 Kim, Y., & Petraki, E. (2009). Student's and Teachers' Use of and Attitudes to L1 in the EFL classroom. *Asian EFL Journal, 11,* 58-89.

※58 木村 優（２０１０）協働学習授業における高校教師の感情経験と認知・行動・動機づけとの関連『教育心理学研究』58巻4号４６４－４７９頁　日本教育心理学会

※59 Krear, S. E.（1969）. The role of the mother tongue at home and at school in the development of bilingualism. *English Language Teaching Journal, 24* (*1*), 2-4.

※60 Krieger, D.（2005）. Teaching ESL versus EFL principles and practices. *English Teaching Forum, 43,* 8-16.

※61 Labone, E.（2004）. Teacher efficacy: Maturing the construct through research in alternative paradigms. *Teaching and Teacher Education, 20,* 341-359.

※62 Lai, M.-L.（1996）. A reality shock: Teaching English through English or Chinese? *Education Journal, 24,* 173-191.

※63 Lazarides, R., Watt, H. M. G., Richardson, P. W. (2020). Teacher's classroom management self-efficacy, perceived classroom management and teaching contexts from beginning until mid-career. *Learning and Instruction, 69,* 1-14.

※64 Levine, G. (2003). Student and instructor beliefs and attitudes about target language use, first language use, and anxiety: report of a questionnaire study. *The Modern Language Journal, 87,* 343-364.

※65 Liu, D., Ahn, G.-S., Baek, K.-S., & Han, N.-O. (2004). South Korean high school English teachers' code switching: Questions and challenges in the drive for maximal use of English in teaching. *TESOL Quarterly, 38,* 605-638.

※66 Littlewood, W., & Yu, B. (2011). First language and target language in the foreign language classroom. *Language Teaching, 44,* 64-77.

※67 Lucas, T., & Katz, A. (1994). Reframing the debate: The roles of native languages in English-only programs for language minority students. *TESOL Quarterly, 28,* 537-561.

※68 Max, P. (2013). Support and challenges to language teachers' self-efficacy at Japanese universities.『静岡大学情報学研究』19, 1–22.

※69 Macaro, E. (1995). Target language use in Italy. *Language Learning Journal, 11,* 52-55.

※70 Macaro, E. (2001). Analysing Student Teachers' Codeswitching in Foreign Language Classrooms: Theories and Decision Making. *The Modern Language Journal, 85,* 531-548.

※71 Macaro, E. (2005). Codeswitching in the L2 classroom: A communication and learning strategy. In E. Llurda (Ed.), *Non-native language teachers: Perceptions, challenges and contributions to the profession (pp. 63-84)*. New York, NY: Springer.

※72 Macaro, E. (2009). Teacher use of codeswitching in the second language classroom: Exploring 'optimal' use. In M. Turnbull & J. Dailey-O' Cain (Eds.), *First Language Use in Second and Foreign Language Learning (pp. 35-49)*. Bristol: Multilingual Matters.

※73 Macaro, E. (2010). Second language acquisition: The landscape, the scholarship and the reader. In E. Macaro (Ed.), Continuum companion to second language acquisition (pp. 3-28). London: Continuum.

※74 Macaro. A., Curle, S., Pun, J., An, J., & Dearden, J. (2018). A systematic review of English medium instruction in higher education. *Language Teaching, 51*, 36-76.

※75 Mattioli, G. (2004). On native language intrusions and making do with words: Linguistically homogenous classrooms and native language use. *English Teaching Forum, 42 (4)*, 20-25.

※76 箕浦康子（１９９９）『フィールドワークの技法と実際』ミネルヴァ書房

※77 箕浦康子（２００９）『フィールドワークの技法と実際Ⅱ：分析・解釈編』ミネルヴァ書房

※78 Mitchell, R. (1983). The teacher's use of first language and foreign language as means of communication in the foreign language classroom. In C. Brumfit (Ed.), *Learning and*

Teaching Languages for Communication: Applied Linguistics Perspective, (pp. 41-58). Centre for Information on Language Teaching. Eric microfiche.

※79 文部科学省.（2003).「英語が使える日本人」育成のための行動計画（抜粋)˙ https://www.mext.go.jp/b_menu/shingi/chousa/shotou/082/shiryo/attach/1301980.htm

※80 文部科学省.（2009).『高等学校学習指導要領』. http://www.mext.go.jp/a_menu/shotou/new-cs/youryou/kou/kou.pdf

※81 文部科学省.（2017).『中学校学習指導要領解説外国語編』. http://www.mext.go.jp / content/20210531-mxt_kyoiku01-100002608_010.pdf

※82 Moradkhani, S., & Haghi, S. (2017). Context-based sources of EFL teachers' self-efficacy: Iranian public schools versus private institutes. *Teaching and Teacher Education, 67,* 259-269.

※83 Morris, D. B., & Usher, E. L. (2011). Developing teaching self-efficacy in research institutions: A study of award-winning professors. *Contemporary Educational Psychology, 36,* 232-245.

※84 Morris, D. B., Usher, E. L., & Chen, J. A. (2017). Reconceptualizing the Sources of Teaching Self-Efficacy: A Critical Review of Emerging Literature. *Education and Psychological Review, 29,* 795-833.

※85　中田賀之（２００６）「英語学習動機づけ」から「英語学習意欲」の研究への転換─研究対象領域、研究手法、研究目的の観点から─『Language Education & Technology』第43巻77 - 94頁　外国語教育メディア学会

※86　西野孝子（２０１１）コミュニカティブ・アプローチに関する日本人高校英語教師の信条と実践. *JALT Journal* 33号１３１ - １５５頁

※87　Nishino, T.（2012）. Modeling teacher beliefs and practices in context: A multimethods approach. *The Modern Language Journal, 96,* 380-399.

※88　Nishino, T., & Watanabe, M.（2008）. Communication-oriented policies versus classroom realities in Japan. *TESOL Quarterly, 42,* 133-138.

※89　表 昭浩（２０１１）ＮＮＳ教師は何故Ｌ２授業でＬ１使用を選択するのか『外国語教育メディア学会第51回全国研究大会発表要項』54 - 55頁

※90　表 昭浩（２０１２）オールイングリッシュの授業を教師はどう思っているのか─インタビュー法による教師ビリーフの質的分析─『関西大学大学院外国語教育学研究科紀要』第10号21 - 56頁

※91　Omote, A.（2017）. Teacher Self-Efficacy and Instructional Speech: How Teachers Behave Efficaciously in the EFL Classroom. *JALT Journal,* 39, 89-116.

※92　Omote, A.（2020）. A Classroom and Teacher Self-efficacy: Affordances for the

Instructional Speech. *The 8th Japan-China Teacher Education Conference, Conference Proceedings, (pp. 103-116)*.

※93 表 昭浩（２０２１）脱日本語ノススメ：ＡＩ新時代、必要なのは日本語を洗練すること『英語教育』６月号70 - 71頁　大修館書店

※94 表 昭浩・川上綾子（２０２１）英語授業の教授言語：過去30年の日本語使用と英語使用の傾向『鳴門教育大学学校教育研究紀要』第35巻１２１ - １２９頁

※95 表 昭浩・川上綾子（２０２２）英語教師の教授発話行動と教師自己効力感の関係――経験年数の違いに焦点をあてて 『日本教育工学会論文誌』第46巻第1号79 - 90頁

※96 OpenAI.（2023）. *ChatGPT*（May 31 version）［Large language model］. https://chat.openai.com/chat

※97 太田光春（２０１５）コミュニケーション能力の育成をめざして―自律した学習者を育てる―『鳴門教育大学小学校英語教育センター紀要』第６巻１ - 25頁

※98 Pajares, F.（2006）. Self-efficacy during childhood and adolescence. In F. Pajares & T. Urdan（Eds.）Self-efficacy and Adolescents. Greenwich: IAP-Information Age Publishing, Inc.

※99 Parares, F., & Usher, E. L.（2008）. Self-efficacy, motivation, and achievement in school from the perspective of reciprocal determinism. In M. L. Maehr, S. A. Karabenick, & T. C. Urdan（Eds.）*Social Psychological Perspectives: Advances in Motivation and*

Achievement Vol. 15, (pp.391-424). London: JAI Emerald.

※100 Polio, C. G., & Duff, P. A. (1994). Teachers' language use in university foreign language classrooms: A qualitative analysis of English and target language alternation. *The Modern Language Journal, 78,* 313-326.

※101 Pfitzner-Eden, F. (2016). Why do I feel more confident? Bandura's sources predict preservice teachers' latent changes in teacher self-efficacy. *Frontiers in Psychology.* Retrieved from https://www.frontiersin.org/articles/10.3389/fpsyg.2016.01486/full

※102 Rolin-Ianziti, J., & Brownlie, S. (2002). Teacher use of learners' native language in the foreign language classroom. *The Canadian Modern Language Review, 58,* 402-426.

※103 Richards, J. C., & Lockhart, C. (1996). *Reflective Teaching in Second Language Classrooms.* New York, NY: Cambridge University Press.

※104 Sakui, K. (2004). Wearing two pair of shoes: Language teaching in Japan. *ELT* Journal, 58, 155-168.

※105 Sakui, K. (2007) Classroom management in Japanese EFL classrooms. *JALT Journal, 29 (1),* 41-58.

※106 Sakui, K., & Cowie, N. (2012). The dark side of motivation: teachers' perspectives on 'unmotivation'. *ELT Journal, 66,* 205-213.

※107 Saryçoban, A. (2013). Prospective and Regular ELT teachers' digital empowerment and self-efficacy. *Porta Linguarum,* 20, 77-87.

※108 Sasaki, M. (2008). The 150-year history of English language assessment in Japanese education. *Language Testing, 25 (1),* 63-83.

※109 Schweers Jr., C. W. (1999). Using L1 in the L2 classroom. *English Teaching Forum, 37,* 6-13.

※110 Sharma, B. K. (2010). Mother tongue use in English Classroom. *Journal of NELTA, 11,* 80-87.

※111 Shimura, A. (2007). Teacher use of L1: different class situations. In K. Bradford Watts (Ed.). *JALT2006 Conference Proceedings.* Tokyo: JALT.

※112 Sinclair, J. M., and Coulthard, R. M. (1975). *Towards an Analysis of Discourse: The English Used by Teachers and Pupils.* Oxford University Press, London.

※113 Shiratori, A., & Shimura, A. (2009). Proposing methods to improve the ratio of English use in demonstration classes.『北海道英語教育学会紀要』, 9, 67-86.

※114 Skaalvik, E. M., & Skaalvik, S. (2014). Teacher self-efficacy and perceived autonomy: Relations with teacher engagement, job satisfaction, and emotional exhaustion. *Psychological Reports: Employment Psychology & Marketing, 114,* 68–77.

※115 Song, Y. (2009). An investigation into L2 teacher beliefs about L1 in China. *Prospect Journal, 24,* 30-39.

※116 鈴木悠太（２０１２）G.フェンスターマッハ の「実践的討論（practical arguments）」概念の再検討―教師の実践的ディスコース研究の起点として―『教師学研究』第11巻13－22頁

※117 Storch, N., & Wigglesworth, G. (2003). Is there a role for the use of the L1 in an L2 setting? *TESOL Quarterly, 37,* 760-770.

※118 丹藤 進（２００５）教師効力感の研究―循環モデルに向けて―『青森中央学院大学研究紀要』第7巻21－44頁

※119 Tang, J. (2002). Using L1 in the English classroom. *English Teaching Forum, 40,* 36-43.

※120 Tayama, Y. (2011). What influences teacher efficacy among English teachers in Japanese secondary schools? *ARELE, 22,* 217-232.

※121 Toth, P. D., & Moranski, K. (2018). Why haven't we solved instructed SLA? A sociocognitive account. *Foreign Language Annals, 51,* 73-89.

※122 鳥飼玖美子（２０１４）『英語教育論争から考える』みすず書房

※123 鳥飼玖美子（２０１７）「英語の授業は基本的に英語で行う」方針について.『学術の動向』22巻11号特集２・初等中等教育における英語教育の課題と可能性（78－82頁）日本学術協

力財団
※124 鳥飼玖美子・大津由紀雄・江利川春雄・斎藤兆史（２０１７）『英語だけの外国語教育は失敗する』ひつじ書房
※125 Tschannen-Moran, M., & Woolfolk Hoy, A. (2001). Teacher efficacy: capturing an elusive construct. *Teaching and Teacher Education, 17,* 783-805.
※126 Tschannen-Moran, M., & Woolfolk Hoy, A. (2007). The differential antecedents of self-efficacy beliefs of novice and experienced teachers. *Teaching and teacher education, 23,* 944-956.
※127 Tschannen-Moran, M., Woolfolk Hoy, A., & Woolfolk Hoy, W. K. (1998). Teacher Efficacy: Its meaning and measure. *Review of Educational Research, 68,* 202-248.
※128 Tudor, I. (1989). The role of L1 stimulus materials in L2 communicative activities. *British journal of language teaching, 27,* 41-47.
※129 Turnbull, M. (2001). There is a role for the L1 in second and foreign language teaching, but... *The Canadian Modern Language Review, 57,* 531-540.
※130 Turnbull, M., & Arnett, K. (2002). Teachers' uses of the target and first languages in second and foreign language classrooms. *Annual Review of Applied Linguistics, 22,* 201-218.
※131 Turnbull, M., & Dailey-O' Cain, J. (2009). *First language use in second and foreign*

language learning. Bristol, England: Multilingual Matters.

※132 Van Lier, L. (2004a). The use of L1 in L2 classes. Babylonia, 2, 37-43.

※133 Van Lier, L. (2004b). *The Ecology and Language Learning: A sociocultural perspective.* Boston, MA: Kluwer Academic Publishers.

※134 渡邉駿太・中西良文（２０１７）日本における教師効力感に関する研究の動向と展望『三重大学教育学部研究紀要 教育科学』第68巻２４５－２５４頁

※135 Wei, Hunangfu (2012). Effect of EFL teacher's self-efficacy on motivational teaching behaviors. *Asian Social Science, 8,* 68-74.

※136 Weiner, O. M., and McGrath, J. J. (2017) Test-retest reliability of paediatric heart rate variability: a meta- analysis. *Journal of Psychophysiology, 31* (1), 6-28.

※137 Wheatley, K. F. (2006). The case for reconceptualizing teacher efficacy research. *Teaching and Teacher Education, 21,* 747-766.

※138 White, E., & Storch, N. (2012). En Français s'il vous plaît: A longitudinal study of the use of the first language (L1) in French foreign language (FL) classes. *Australian Review of Applied Linguistics, 35,* 183-202.

※139 Wigglesworth, G. (2005). Research in use of L1 in adult learning settings. In D. E. Murray, & G. Wigglesworth (Eds.), *First language support in adult ESL in Australia (pp. 2-11)*. (Teaching in action). National Centre for English Language Teaching and Research.

※140 Wong-Fillmore, L. (1985). When does teacher talk work as input? In S. M. Gass & C. G. Madden (Eds.), *Input in Second Language Acquisition, (pp. 17-50)*. MA: Newbury House Publishers.

※141 Wongrak, C. (2017). The role of L1 in the instruction of L2: Perspectives of Thai EFL teachers. *Paper presented at the Asian Conference on Education & International Development. Nagoya: IAFOR, (pp.643-654)*.

※142 Woolfolk Hoy, A., & Spero, R. B. (2005). Changes in teacher efficacy during the early years of teaching: A comparison of four measures. *Teaching and Teacher Education, 21,* 343-356.

※143 山森直人（２０１３）高等学校英語科授業における教師の英語使用に関する調査『鳴門教育大学研究紀要』第28巻49－63頁

※144 山田雄一郎・大津由紀雄・斎藤兆史（２００９）『「英語が使える日本人」は育つのか?』岩波書店

※145 Yonesaka, S. M. (2005). A proposal to use classroom discourse frames to investigate patterns of teacher L1 use. *Hokkai Gakuen University Studies in Culture, 32,* 31-57.

附録

附録1　質問紙（研究2）

授業中の日本語使用と英語使用についてのアンケート

このアンケートは、より効果的な外国語教育・学習を探求するために、教室での教授言語（日本語発話と英語発話）についてのあなたの授業での様子を振り返ってもらい、ご自身でどの程度効力を感じているかを調査するものです。回答は、数値データとして統計的に計算されます。調査の主旨をご理解の上同意書に記入頂き、ご協力下さいますようよろしくお願いいたします。

PART1　あなたについておたずねします。○でご回答下さい。

1. 性別　男性　・　女性
2. 母語　日本語　・　日本語以外（　　　　）語
3. 年齢　20代　・　30代　・　40代　・　50代　・　60代
4. 教授経験　～5年　・　～10年　・　～15年　・　～20年　・　～25年　・　26年以上
5. 学校種　小学校　・　中学校　・　高等学校普通科　・　高等学校普通科以外　・

6．担当学年　専門学校　・　大学
1年　・　2年　・　3年　・　4年　・　5年　・　6年

PART2　あなたが、現在、単独で教えているクラスについて、最も当てはまるもの1つに◯でご回答下さい。

7．クラスの到達目標（言語スキル）を、以下から1つだけ選んで下さい。
作文　・　読解　・　聞き取り　・　スピーチ　・　総合　・　その他（　　　）

※これより以下、上記7．でお答えになった担当クラスの本年度4月からの状況についてお答え下さい。

8．児童・生徒の母語の状況はどれですか。
日本語のみ　・　日本語＋他言語1つ（　　　）語　・　日本語＋他言語2つ以上

9．クラスサイズはどれですか。
10人以下　・　11人～20人　・　21人～30人　・　31人～40人　・　40人以上

10．質問7の到達目標に対して児童生徒の到達状況はどれですか。

0～20％　・　21～40％　・　41～60％　・　61～80％　・　81～100％

11．授業スタイルを学習者中心型と教師主導型の2つに分けるならどちらに近いですか。

どちらかというと学習者中心　・　どちらも半々　・　どちらかというと教師主導

12．学習活動をコミュニケーション活動と読解・ドリル活動に分けるとどちらに近いですか。

どちらかというとコミュニケーション活動　・　どちらも半々　・

どちらかというと読解　・　ドリル活動

※これより以下、最後まで〔日本語：英語＝6：4〕などの数字でお答え下さい。

13．学習に直接関わる教授発話で、あなたの日本語と英語の使用比はどのくらいですか。

〔日本語：英語＝　：　〕

14．学習に直接関わらない教授発話（雑談や学習以外のやり取り）で、あなたの日本語と英語の使用比はどのくらいですか。

〔日本語：英語＝　：　〕

15．学習に直接関わる発話で、学習者の日本語と英語の使用比はどのくらいですか。

〔日本語：英語＝　：　〕

16．学習に直接関わらない発話（雑談や学習以外のやり取り）で、学習者の日本語と英語の使用比はどのくらいですか。

〔日本語：英語＝　：　〕

17．授業1回につき、あなたと学習者の、それぞれの平均的発話の比率は大体どのくらいですか。

〔あなた：学習者＝　：　〕

PART3

上記のクラスでのあなたの日本語と英語の発話の効力について以下の各項目に対してどの程度賛成ですか。全くそう思わない（0％）からとてもそう思う（100％）のうち、最も当てはまる番号を1つ選び、◯を付けて下さい。※50％くらいとお考えの場合でも、3か4のどちらかをお選び下さい。

		全くそう思わない	そう思わない	あまりそう思わない	ややそう思う	そう思う	とてもそう思う
A	英語授業における 教師の日本語発話は 学習者にとって:	0%	~20%	~40%	~60%	~80%	~100%
18	到達目標の達成に効果が高い	1	2	3	4	5	6
19	到達目標の達成に必要である	1	2	3	4	5	6
20	到達目標の達成に重要である	1	2	3	4	5	6
21	学習項目の理解を助ける	1	2	3	4	5	6
22	学習活動の理解をより促進させる	1	2	3	4	5	6
23	学習活動の流れをスムーズにする	1	2	3	4	5	6
24	学習活動の内容を豊かにする	1	2	3	4	5	6
B	英語授業における 教師の英語発話は、 学習者にとって:	0%	~20%	~40%	~60%	~80%	~100%
25	到達目標の達成に効果が高い	1	2	3	4	5	6
26	到達目標の達成に必要である	1	2	3	4	5	6
27	到達目標の達成に重要である	1	2	3	4	5	6
28	学習項目の理解を助ける	1	2	3	4	5	6
29	学習活動の理解をより促進させる	1	2	3	4	5	6
30	学習活動の流れをスムーズにする	1	2	3	4	5	6
31	学習活動の内容を豊かにする	1	2	3	4	5	6

附録2　分析データ（スプレッドシート）のサンプル

Teacher	Class	Global-lot No.	duration	Lot No.	Coding: Jap=1, Eng=2, Mix=3 Function: contents/task = 1, direction = 2, management =3, other =4	Code	Function	12 items
C	1	1	15	1	はい、じゃ前向きましょう。はい、もう喋らない。はい、じゃ,教科書とノートとファイル、この3つを出しましょう。はい、一番最初、ファイルから使います。はい。	1	1	5
C	1	2	30	2	えー、英語を喋る、いきなりEnglishから入るからね、いい?はい、筆記用具、今日英語忘れた人は、今日から、えっとねぇ、2学期の時間割がスタートしているんです。後ろ変えています。えっとまだ仮時間割ですので、	1	1	8
C	1	3	45	3	決定してからあなたたちには、あの、印刷したものを渡します。ね、いい、忘れた人は、教科書見せてもらったらいいからね。いい?OK, today is the first lesson, you studied very hard during summer ...	3	1	8
C	1	4	0	4	vacation. What did you do? Did you study? Yes, because you are Jukensei so you studied a lot, XXXXX-kun, did you read many books? [no...] No? You didn't read books.	2	3	11
C	1	5	15	5	How about you, YYYYYY-kun? Did you watch TV? [no] No, you studied hard? [no] No. Where did you go? 失礼しました。Where did you go? [どこも行ってない] どこも行ってない, You stayed at home.	3	3	11
C	1	6	30	6	Okay, now, today's topic is your summer vacation. Topic is summer vacation. Ask to your partner, where did you go, how was your vacation, okay? OK, じゃ、please read aloud, how...	2	1	5
C	1	7	45	7	How was your vacation? セーの、how was your vacation? okay, so please ask me, one, two... How was, okay, セーの,how was, ちょっと声出てないで、how was... How was, はい! how was	3	1	5

C	1	8	0	8	your vacation. your vacation, OK, one, two... How was your vacation? OKay, my vacation is studying. I studied for English teaching. We highschool teacher and university teacher...	2	1	5
C	1	9	15	9	We had 全国大会 in English teacher. So we talked a lot. This is my summer vacation. Maybe you stayed at home and studied hard. じゃ、やったことを	2	1	5
C	1	10	30	10	I studied hard.とかI stayed home.どっか行ったんやったら、I went to どこどこ、っていうふうに聞いてみて下さい。さあ、じゃ夏休み中そんなに喋ってないと思うから日本語が混じっても構いません。えっと、どこどこ行ってってやったら、ペアの人、Oh, you went to どこどこ	1	1	5
C	1	11	45	11	って英語に変えたげてね。じゃあ、最初1分ですが横の人といいですか。Make a pair. pair. はい、鉛筆置いてね◯◯君。横で。ほら君渡してあげましょう。いいですか。はい、	1	1	5
C	1	12	0	12	I go first after you. 決めて下さい。日本語交じりでもいいからね。はい、どっち。I go first. はい、パッと手をあげて。あげる。パッパっぱ。はい、1分いきます。How was your vacation.	3	1	5
C	1	13	15	13	はい、はい、用意。スタート。How was your vacation. How was your vacation. [I went to Wakayama] Oh, you went to Wakayama. [it was very	3	2	1
C	1	14	30	14	exciting.] exciting. What was exciting? [fishing] Oh, you went to fishing! [And swim in the sea] You swim in the sea! How was the swimming?	2	2	1
C	1	15	45	15	Uuun, interesting? Cold? fun? [cold] Oh, the river is very cold. How long? one hour? two hours? [four hours]	2	2	1

C	1	16	0	16	You swam for four hours. Wow. After that, what did you do? [花火行きました] Fireworks. nnn, that's all.	2	2	1
C	1	17	15	17	Thank you. はい、ストップです。はい、じゃ次チェンジします。はい、ストップ。切り替え。ストップ!ストップ!	1	1	5
C	1	18	30	18	はい、じゃnext speakerですが。今喋った人、今度利き手ですが、条件をつけますが必ず繰り返して下さい。Oh, you went to どこどこ	1	1	5
C	1	19	45	19	とか、Wakayama? とか,You swim?とか、いうふうに必ず1語繰り返して下さい。それで必ずニコニコと聞いて下さいね。で、What did you do とかいうふうに疑問文を付け足してもいいけどまずは1語、	1	1	5
C	1	20	0	20	ん、ん?という具合に、ん?ん?って聞いて下さい。はい、じゃ行きます。1分間。用意はいいですか。行きますよ。いい?はい、じゃ用意、スタート。聞いて下さい。	1	1	5
C	1	21	15	21	[...] How was your vacation? あ、聞いといて。[...] どっちが始めるの?How was your vaction? どうぞ。	3	2	1
C	1	22	30	22	[...] 日本語でもっと質問してあげて。	1	3	10
C	1	23	45	23	[...] How was your vacation? どっちが喋るの?はい、喋る方どっち?はい、どうぞ。	3	1	5
C	1	24	0	24	How was your vaction? はい。[I went to my grandmother's house.]	2	2	1

C	1	25	15	25	はい、ではストップです。じゃ、ワードカウントします。はい、ストップ。今あなたは、自分のんと相手のんと	1	1	5
C	1	26	30	26	両方聞きましたよね。だから、自分の夏休みと、例えば私はほら君としたからほら君の夏休みと両方知っているはずですね。それも合わせたら1分は喋れるはず。I went to どこどこ and I studied なになに。自分のこと言い終わって	1	1	5
C	1	27	45	27	まだ時間があったらMr 7777 went to どこどこ、and he went to swimming in the river みたいな感じで彼のことを情報付け加えてくれたらいい。はい、じゃ今度前後ペアになります。はい、ワードカウントです。ワードカウントです。はい、何語かなぁ。	1	1	5
C	1	28	0	28	はい、前後で組んで下さい。前後で組んで下さい。先生ワードカウント先するわ。で、ここ前後で、はい、前後。いい。はい、じゃ前の人、後ろ振り返ってくれますか。	1	1	5
C	1	29	15	29	語数。語数を数えます。はい、じゃ後ろの人、How was your vacation? でまず聞いたげましょう。行きますよ。行きます、用意!スタート。[I went to police office...]	1	1	5

附録3　実践的対話の逐語録（抜粋）

〔教師C〕３月15日（火）16時30分〜18時10分　Ｘ中学　ＬＬ教室

質問項目の最初は、教師としての効力感、充実感について生徒との人間関係があなたの効力感とどのように関係していましたか？（以後、筆者のセリフはゴシック体）

人間関係もですけど、生徒が自分の予想を超えた反応を示してくれるときは鳥肌立ちますね。特にライティング。え！ここまで書けるんやって見てて思う時があります。

（中略）

やっぱり気づきですかね、そういう意味では。

そうですね。新たに気づけたことが嬉しい。

それとか、クリエイティブ、創造性、新たなことに繋がるような感覚ですかね。

うん、うん、うん。やっぱり人間ですから、いくら15歳とはいえ。いっぱい考えてるから、そういうのを出してくれたら嬉しいし、子ども達もそこまで考えてないから普段は。普段は出さないけど授業で一緒に社会問題とか考える上でいっぱい素敵な感性を出してくれるのが嬉しいと思います。

映画を観てなんてひどいとか信じられへんとか、そういう姿を見たらやっぱりわかってくれた！って思うと嬉しい。……うん、英語を使って、何かその生徒の反応、まあ作文書く前に必ず生徒がびっくりするような映像は入れるんですけど、そう心が動いて書いてる、その書いた作文で、私とは違う考え方をしてるから、私なんかよりずっといいことを書いてくる！ってところがすごいなって思いますね。素敵な子達やなって。

今のお話は僕自身の中にもすごく気づきがあるんですが、3年経験のある若い先生と同じ質問をしたいんです。人間関係や信頼関係を重視する度合いと、気づきを重視する度合いとでいえばどちらがプライオリティ、優先度は高いですかね。

あ、もうそれはこっち（気づき）ですね。生徒が私を馬鹿にしようが何しようが、まあ失礼な態度は社会人として怒りますけど、別に心底嫌ってくれてても全然構わないですね。それは生徒の自由だと思うし。ただ同じ仲間を傷つけるってのは許せないし、常々子ども達にいうのは、先生の言うことしか聞けない人間なんかあかんし、先生の言うことは聞けなくても友達の言うことは絶対聞きなさいって、担任のクラスでも言ってます。だからクラスアンケートで担任は頼りにならないって出ても全然気にしないです。担任が頼りってことは集団が依存的ってことだから、私はそれは要らんって思ってるんですよね。子ども達だけでなんとかなるって集団は素敵やなって思うから。私はもう陰でいいです。

なんかお聞きしてて思うんですが、先生はやっぱり成長されてるなと、９年前僕が覚えてるのは、人間関係で悩んでてすごく「不安なんですよ……」っておっしゃってました。

ははは、いや、理由はあの子たちがすごく荒れてたことです。あの当時親も手を焼いてて。

その当時は今先生がより重要だというような部分に……

気づけてなかったです。自分が授業でどうコントロールしようかって考えてました。どう上手く黙らせるかとか、暴れさせないとか、黙って聞くとか、ノートをきちんと書くとか、もう今はノート書いてなくてもいいから聞きなさいとか、友達の話を聞きなさいとか、この子はできへんけど、この1時間は友達の話を聞いてすごいと思ってくれたらいいとか……。今はもう一律にこう教えようとかそんなのは無いです。

丁度2月のインタビューのときでしたかね、先生が仰ったのが、「おばあちゃんの心持ちになって」って言われてました。

あ、そうそうそうそう、そうです！

なんかその気持ちになってから、もっと重要なことに気づけるようになってきたのかなって……

うん。それはありますね。それとある意味、信頼関係は、私はあなた達のことは100信頼してるから、わかっといてね、ていうのはありますね。子どもに「この先生裏切るんじゃないかって思われるのは嫌なので。味方やで、というのはずっと。

もう一人の若い先生の方は信頼関係が絶対大事と仰る。それが崩れるのが「不安」ですと。すごく正直な先生です。先生は24年の経験の中でそこ（不安の解消）を達成しておられるということが言えるんじゃないかなと……

教え子との卒業後の出会いが大きいです。もう本当に子ども達は帰ってきてくれるし、声掛けてくれる。道端でも声掛けてくれます。

あ、道端でも！

はい。「よく覚えてたね」って言ったら、忘れるわけないやんって。もうそれだけで涙出ましたね。子ども達にとって中学の先生って特別な存在だし、なんやかんや言うて（生徒は）信頼してるんやっていうのがすごくわかるんですね、卒業した後で。だから今いるときには、わがままやからぶつかったりするけどやっぱりそれを受け止めてあげるのが大人の役目かな。ただし、指導はいるけど指導と人間関係は違うと思うので言うべきことは言うし嫌われようが何しようが、あかんもんはあかん。それは前に「おばあちゃんの気持ち」って言ったのと一緒ですけど変わりましたね。9年前のときは、あのクラスが荒れてしまうと他のクラスに迷惑かけるからなんとかこの子達を押さえ込まなあかんって言うところはありました。そこが自分のコントロール力で抑え込めると思っていたところがあったから……でもそうじゃないって今は思う。

振り返ってそれまでの自分と今の自分でそうやってやっぱり気づきが増えているってことですかね。

そうですね。

しかもすごくプロフェッショナルなことを仰ってるんですが、つまり人間関係よりは気づきを重視されていると仰った上で、生徒の作文に対する気づきを得て感動したと仰っている。そこで効力感と充実感を感じておられる。やっぱりそこが英語の教員としての存在意義として専門的な部分だと僕は思うんですが……

そうですね。うんうん、うん。そう思います。教室に立っている意味はそれが無いとダメだなと。単に気づきだけやったらビデオ見せて日本語で話し合わせて終わりやと思うんですけど、それじゃああまり意味はないと。

（中略）

……この子ならこういうことができるからやらせてみて、他のできない子との間でインタラクションを起こさせてみよう、というような発想に最終的に繋がってきているような気がします。

うん、そうですね。この大人相手の研修授業の中でも、絶対参加者同士で気づきがあるからと想定していて、どんな感じになるかな、っていうところが楽しかったです。予想がつかないワクワク感はあります。

いずれにしても、どんな環境でやるにしても自分はファシリテータなので、そこでできることを考えてお互いのインタラクションをどうやって起こそうかっていう視点ですよね。先生の中の（視点）。そういう視点が授業を引き立たせるものになるのかもしれないですよね。その辺りに何か重要なヒントがありそうな感じがします。

そうですね。こういう活動をしたい。けど、動かない子にはどう働きかけようかなっていうのがやっぱりそもそも考えます。面白いのは、大人相手の授業のときに、講師の先生が英語が嫌いで、あれも私は楽しくて、教室には絶対そういう子がいてるので……

ですよね、大人に対しても同じようなことが起こりますよね。

そうですね。彼が言わなくても、隣の人が代弁するでももちろんいい。一昨年前にコロンビア大学の先生が大阪の高校で1ヶ月の研修をしてくれはったことがあって、私自身ができない子の立場になって、聞いているだけで必死やったんです。でも聞くだけでも十分理解は進むし、先生の英語が早過ぎでわからなくても生徒の答えを聞いてたらついていけるから、(他の) 生徒の答えを聞いてるだけでも授業についていけるっていうのが本当の発見やった。なので私が英語で上手く言えなくても代わりに隣の子が言ってくれることで、「あーよかった」ってすごく思いましたし。そういうのが授業であったら、どの子もわかるなっていうのがそこですごく (腑に) 落ちました。いろんな表現方法があるんで最終的にその子が理解できればいいというふうに。

先生の気づきがすごく広がってますよね。

はい、気づいたことがいっぱいあるし。まだまだ気づかないこともいっぱいあるとは思います。気づいてるだけでまだ授業に生かせないからまだまだやなって思う。気づいてるから、ああやりたい、こうやりたいってことはきっと止まらないですね。

4つ目は、情緒的・身体的な源泉。つまり体感や感情が効力感や充実感にどのように関係していましたか、という質問です。例えば、以前先生が口癖としておられた「はい」。あの「はい」を使

わずに授業をして下さいと言われたら多分できなかったんじゃないかというような、無意識のうちにリズムをとっていてスポーツするときの体の感覚に近いもの。そうした体感と感情が結びついていて体感が上手く得られた授業は上手く行ったとか楽しかったという効力感に結びつくと……

うーん、かつてはそうでした。リズム良く授業が終わったら、うまくいった。だけど今はそうじゃなくて、授業が止まるのもすごく楽しんでいて……

授業が止まる!?ですか……

止まるぐらい議論があったらすごい面白い。妨害ではなくて。そんなに滅多とないですけど、ないこともない。疑問文作るときになんでこうなるんっていうのをなんでなん?って考えさせるのも面白いですし、こっちが答え言わなくって。去年の少人数の終わりは、3単元のSだってまだ定着してない子たちだったから自分たちで気づくのにも時間かかってましたし。なんでこれはSなるんやって混同してる子がいて、3単元のSと違うやんと言ってて、それが面白!って思うし。「誰か代わりに言って?」「なんで?」とか言うのも嬉しい。正解を求める授業じゃない方が楽しい。

字起こしして思ったのは、先生のそういう質問って結構増えてますよね。敢えてそんな質問を投

げかけていって意外なことが起これば、それが楽しいと。

うん、楽しいです。はい。私が教室にいる意味はそこかなって思うので。友達に説明できたり、気づいたり。（私が先に）正解を出したら、「あ、知ってたわ」って（生徒は）なると思うから。

意外性ですかね。

あ、そうですね。知っているようで知ってないってなったらそこで勉強を続けてほしいし。やっぱり英語ができる子だってSの脱落は多いですし。凡ミスはいっぱいするのでそこに自分が気づいたら、「あ、そうか悔しい！」って思って（学習を）続けてほしいなって思います。これも○○先生の影響やと思いますが、自律的学習者ってことを思ったら、自分で気づいて学んでいくという機会を自分で作らないと子どもは気づけへんのちゃうかなって。彼らにとって私が教師であることで彼らのメリットは、単に経験が長いから彼らよりは社会のことは知っているだろう、だから伝えれるものは多くあるはずやし、私が感じてきたことも彼らより回数は多いからそれを言うことはできる。でも感じるのは自分やからもっといっぱい感じてほしい。英語力も私の英語力はそこまでやかららわからんからＡＬＴに聞くわなっていうことを必ず言います。

そうそう、それはC先生の発話の特徴で、ご自分が間違ったときにも「あ、ほんまやこれ間違い、ごめん」と言いながら敢えて生徒に考えさせるという手法で上手くやっておられる……自分を落として言わせる。すごく上級なやり方ですよね。

そうそう。言わせる。できないことが恥ずかしいことと思ってないので。「彼らも」勉強に手を抜いてるとも思わないから。彼らはきっとあの中でも阪大とか京大を目指す子もいてると思うから、数年後には私の英語力追い抜かすと思うから「自分で頑張り！」って言います。

先生のそういうところは、生徒が「この先生は安心だとか、信頼出来る」と思えるという効果もあるなと。

ま、嘘を教えない、という面では安心してるんじゃないですか。すぐ答えをくれないっていうもどかしさはあると思うんですけど、ＡＬＴに聞いてみたら「こうだったよ」っていうと嬉しそうですし、ＡＬＴに「聞いとくね」って言うとみんなノート出すし。でそれが3年生の後半になると、返却されたノート読んで「なんでここうなん？」て言いながら隣に見せるようになって。個別のノートチェックって大切やなぁと思いました。やっぱ授業の終わりはライティングやなって。

それを聞いて、今思うことは、結局先生は生徒の反応、レスポンスを見て、生徒が嬉しそうにしてるところ、その姿に嬉しさを感じておられるんですね。

あ、そうそう！　生徒が「嬉しい」ってなってると嬉しい、うんうんうん。

生徒の嬉しそうな姿を見ることが、一つの先生の目標みたいな……それが上手くいってるときには本当にいい授業が出来ている筈だし、多分、作文も結果的にはその目標に近いものになっている。その意味では、なんて言うか、その効力感を上手く操作……じゃないな。なんだろう……。

原動力！　原動力にはなってると思います。確かに、次頑張ろう！って力になりますね。

そうですよね。もちろん落ち込んでいるときもありましたけど、インタビューのときにそんなときも……。でもそこを上手く乗り越えて自分のやり方を確立してきておられる気がします。

［もう落ち込んでたことは］忘れました！［笑］あー、でも悩んでるときは、どう質の高い質問をしたらいいかがすごい悩みやったんです。考えさせる質問というのが。でもそれが失敗しながら授業で繰り返してるとやっぱ閃くんですよね。常に考えてるから。

アンネフランクの教科書のね、アンネの日記はすごくこう前向きなんだけど、あるページだけ戦争について人間は根底では人を殺したいと思ってるからやっていう内容がずらずらっと書いてあるんです。やっぱり敵やから「死んでまえ！」って一般人でも思うし、そういう根底の気持ちがあるから「戦争が終わらん」っていう、「私ら自身が変わらん限り戦争は永遠に続いて、自分達が作り上げたものも全部壊れるだろう」って日記に書いている。で、そこで、どうやって投げかけたんだったかな……じゃ、「どうやったら戦争は止むの？」って考えた。それも英語で言ったんですけど、"Anne said that we cannot stop the wars. How can we stop the wars?" って言うのを、その投げかけの質問にしたんです。そしたらもう、ＴＦとＱＡが終わってすぐ、本文の解説をする前に投げかけたんです。セクションが４つあるうちの３番目だった、12月かな。そのとき子どもが真剣に話し合って、いろんなところ下線部引いてそう思う根拠を話し始めて、こんなふうに……、いやまぁ社会問題やから考え易かったとは思うんです。それ以外の単元やったら出来なかったとは思う。やっぱり環境問題とか社会問題とかそういうところで１個だけ質問をして道徳の授業みたいに「なんで？」って言う発問をするのが、生徒は考える……。答えを探すために本文を読もうとするから英語の勉強になるし、どう言おうとするかってところでもちろん自分の文法知識の復習にもなるから、考えさせる質問をすることはこういうことかなっていうのがちょっとわかってきたのがあります。それは道徳の研修をこの夏休みに受けたのも大きかった。そこでは生徒に投げかける揺さぶり質問を１個だけ用意しておいてあとはそこにたどり着くためのちょっとした発問。50分の授業をこの1問だけにすごい時間をかける。「へー50分ここ⁉」と思って。で、英語の授業でもちょっとずつ英問英答していって理解が進むっていうふうに思っていたので、道徳の授業でも、あーこうやって繰り返し繰り返しこの形式でやったら英語でも同じようにできるなって思って、12月にちょっと発問の順番を変えました。

で、それがアンネの授業で上手くいったと。

そうです。で、「答えはもちろん無いしどれが正解というのも無いけど、今あなた達が考えたことを常に考えて生きていってね」と言って、授業のTFに入った。

それは大きな効力感になりますよね。タスクをやる上でのドライブになってる。

なりました。その発問によって自分で自力で英文を読もうとしている姿があった。それはやっぱり英語の授業としてはありがたい、嬉しい姿。

（中略）

最後の質問です。このインタビューを通じて先生ご自身が何か新たなことに気づいたことがありますか。授業内発話というテーマで先生とお話をするのはこれで最後になると思いますし。何かありますか？

実はこの週末家でアンケートを分析していて、ライティング指導と生徒の英語に対する苦手意識について。意識がどう変わるかという相関関係をずっと見てて。私はどのアンケート項目がデータとして欲しいんやろ、って思ったときに、自分が思ってたことと今のインタビューの内容が重なったと今日気づきました。このインタビューの中で出た話題で、先生が前でどうのこうのというよりも生徒が、「こんな作文を書くんや！」とか、素敵な部分を出してくれたらすごい嬉しいです。だからアンケート分析してても自分が見えてなかったところでどんなのがあるのだろうと思うとすごくワクワクします。分析のクリックをするとき。嬉しいことに、できるようになったことという内容でライティングをあげてくる生徒がいると嬉しい。2年生から3年にかけて生徒に合わせて授業のグレード上げてきたけど私は一体何がこのデータで言いたいんやろって思って。生徒がそれを楽しんで前向きに捉えてくれてたのが嬉しいのかなぁと。なんていうか、書けるようになったって声を聞くのが嬉しいし。自由記述で「前にはできなかったけどこの学期にできるようになったことは何か」についてで、それを7つのカテゴリーに分けて入れたらライティングがやっぱり圧倒的に多い。3分の1の生徒がライティングができるようになったと書いてて。

その内訳は？

文法、音読、ライティング、リスニング、スピーキング、とその他、歌とかテストとか、あともう一個、項目入れてるのが単語。単語が読める、書ける、覚えられるようになった、で8が無記名（何も書いてない）。無記名が3分の1、ライティングが3分の1、それ以外のものが3分の1。だからライティングがやっぱり多いですね。2年生の最後にライティングが増えていて3年の7月はそれがちょっと増えたけど。3年の2学期から意見文のやり方をやっていったら、最後の12月は今までで一番高い数値やったんです。有意差分析まではしてないんですけど、記述の分析なので。あと「意見文を流れがあるように書く」ことができてきた。そこが嬉しい。

できるようになった姿が嬉しい。点数とかではなくて、なんというか……できるようになったという気持ちを持って卒業してもらいたい。その意味では最後に書くことが大きかったから安心、すごく安心してます。この研究に協力して振り返りとか色々得ることもあって、生徒に対してこの研究実践をしていて試行錯誤してきたけど、3年生になって生徒の考える内容に感動したり、すごいなって褒める部分も増えてきたから……。本当に出来てるのは3分の1っていうこの分析の数値でわかったけど、その子達がやっぱりこうクラスを引っ張って授業を作ってたって言うのかな。

なるほど。その部分がこのインタビューと繋がったという？

ちょっとそれはありますね。うん、何が自己効力感になりますかってときに、やっぱり生徒同士が話し合ったり、生徒が考えている姿が嬉しいから、それで考えた結果できるようになったら子どもたちも嬉しいってなるわけやから、テストの点じゃなくてやっぱり日々の授業で出来るようになったって感じてくれるようになったのがアンケート結果にも出たんじゃないのかなって思います。

アンケート分析で漠然と思ってたことがクリアになった感じ？

あ、やっぱりそうなんだなぁって感じかなぁ。

それは先生の中でも来年度はこれでいけるかなという効力感に繋がっている。

そうですね。発問で考えさせるとか、ライティングで自分の考えを書かすってところは、このまいきたいですし。でもそこに持って行くまでのいろいろな帯活動というのはいろんな先生方のアプローチがあると思うので一つには絞れないとは思うんですけど。ライティングのゴールっていう意味ではこれでいけるんじゃないかなと。

そう言ってもらえると僕も貢献できたのかなと思って、嬉しいです。

【本書に関連する研究業績一覧】

表 昭浩（２０１１）ＮＮＳ教師は何故Ｌ２授業でＬ１使用を選択するのか『外国語教育メディア学会第51回全国研究大会発表要項』54－55頁

表 昭浩（２０１２）オールイングリッシュの授業を教師はどう思っているのか―インタビュー法による教師ビリーフの質的分析―『関西大学大学院外国語教育学研究科紀要』第10号21－56頁

Omote, A.（2017）. Teacher Self-Efficacy and Instructional Speech: How Teachers Behave Efficaciously in the EFL Classroom. JALT Journal, 39：89–116.

Omote, A.（2020）. A Classroom and Teacher Self-efficacy: Affordances for the Instructional Speech. The 8th Japan-China Teacher Education Conference, Conference Proceedings, pp. 103-116.

表 昭浩（２０２１）脱日本語ノススメ：ＡＩ新時代、必要なのは日本語を洗練すること『英語教育』６月号70－71頁　大修館書店

表 昭浩・川上綾子（２０２１ａ）英語授業の教授言語：過去30年の日本語使用と英語使用の傾向『鳴門教育大学学校教育研究紀要』第35号１２１－１２９頁

表 昭浩・川上綾子（２０２１ｂ）英語教師の教授発話行動と教師自己効力感の関係―教職経験年数の違いに焦点をあてて―『日本教育工学会論文誌』DOI: https://doi.org/10.15077/jjet.45082

【本書に関連する研究助成】

科学研究費　基盤研究(C)（一般）　２０２０年度－２０２３年度
非ＡＩ的・非ＮＳ的な英語科教師の日本語：「日本語評価CanDoリスト」の開発
研究代表者：表　昭浩　（大東文化大学　社会学部社会学科　教授）

謝辞
本書を刊行するにあたって、ご指導ご鞭撻を頂きました方々、データ収集にご参加・ご協力を頂きました方々に衷心より感謝の意を表します。博士論文の主指導教官である鳴門教育大学教授、川上綾子先生には、研究全般に関することはもとより、研究の楽しさ・厳しさ・奥深さ等について、ひとかたならぬご指導を頂きました。心より感謝申し上げます。鳴門教育大学教授の山森直人先生、岐阜大学教授の益子典文先生、鳴門教育大学准教授の内田香奈子先生には、博士候補認定試験及び博士論文審査に関して細やかなご指導とご助言を頂きました。ここに改めて感謝申し上げます。

本研究の一部は、ＪＳＰＳ科研費基盤研究(C)（課題番号、20K03156）の助成を受けました。厚く御礼申し上げます。

私が本研究を始めたのは、それまでの学校現場での経験を活かし、より客観的・科学的な立場から教育における実践と研究の橋渡しをしたいという思いから郷里の鳥取を離れて鳴門教育大学大学院の戸を叩いた16年前に遡ります。文部科学省が英語教師に対して「英語を基本」とする授業方針を打ち出して間も無い頃で、当時、英語教育の論壇はこの話題で大いに賑わっておりました。以来、関西大学、ロンドン大学、兵庫教育大学と、長きにわたり、教育学、外国語教育学、心理学、脳神経科学の諸先生にお世話になりました。とりわけ、英国で共に学んだSebastian Boo氏（London School of Economics）には、同時期に学位論文を執筆する親友として、折に触れて本論文に励ましの言葉を頂きました。心より感謝申し上げます。また、関西大学および兵庫教育大学の博士課程所属の学生諸氏には、陰日向で様々にお世話になりました。どうもありがとうございました。それぞれの大学院の先輩や同僚、後輩の皆様にはいつも支えて頂き、お陰でこうして一般向け啓蒙書という形で実を結んだことに感慨ひとしおの思いです。本当にありがとうございました。

最後に、研究と仕事に忙殺される私の状況を理解し、温かく支援の言葉をくれる妻の扇谷まどかに感謝しています。いつもありがとう。また、遠くから温かく見守ってくれた、息子たち、妹、多くの親族友人たちに心より感謝いたします。

２０２４年1月 表 昭浩

〈著者紹介〉
表 昭浩（おもて あきひろ）
1963年鳥取県生まれ。2016年ロンドン大学・UCL/IOE教育脳神経科学プログラム修了（MSc/Educational Neuroscience）。2022年兵庫教育大学連合大学院修了（博士／学校教育学）。現在は、大東文化大学社会学部教授。地方の高校と盲学校で20年教壇に立った後、「日本人のバイリンガリズム」をテーマに研究者への道を志す。学校教育学と最新の教育脳神経科学の知見を応用しながら日本人の心理と行動の関係、AIと教育の関係について探究している。

英語《えいご》教師《きょうし》が知《し》っておきたい 授業力《じゅぎょうりょく》アップのための話《はな》し方《かた》

AI時代《じだい》の教師《きょうし》のセルフ・エフィカシー

2024年1月31日　第1刷発行

著　者　　表 昭浩
発行人　　久保田貴幸

発行元　　株式会社 幻冬舎メディアコンサルティング
〒151-0051　東京都渋谷区千駄ヶ谷4-9-7
電話　03-5411-6440（編集）

発売元　　株式会社 幻冬舎
〒151-0051　東京都渋谷区千駄ヶ谷4-9-7
電話　03-5411-6222（営業）

印刷・製本　中央精版印刷株式会社
装　丁　　弓田和則

検印廃止

ISBN 978-4-344-94956-0 C0037
幻冬舎メディアコンサルティングＨＰ
https://www.gentosha-mc.com/